青い目の人形と近代日本

渋沢栄一とL・ギューリックの夢の行方

Friendship - Doll

是澤博昭
Koresawa Hiroaki

世織書房

Friendship - Doll

はじめに

日米人形交流とは

日米人形交流は、今から約八〇年前に日本とアメリカの子供たちによって行われた人形を通したユニークな国際文化交流だ。

一九二七（昭和二）年一月一七日、アメリカから一六七体の人形が横浜港に到着したのをはじめ、それから次々と(1)、約一万二千体にもおよぶ「友情の人形」（Friendship-Doll）が日本の子供たちに届けられた。三月三日の雛祭りには、東京の明治神宮外苑にある日本青年館で日章旗と星条旗、そして雛飾り一式が飾られるなか、盛大な友情人形歓迎式が行われ、その後全国の小学校・幼稚園に配布された。

これに応えて日本側も、子供たちの募金により代表人形「倭日出子」、そして各府県・六大都市を代表する五八体の日本人形を答礼人形として製作し、クリスマスに間にあうように一一月にアメリカに贈った。詳しくは本論に譲るが、このように一九二七年という年は、人形交流により日米親善熱が日本国内で大いに盛りあがった一年間であった。

だが、この三年前の一九二四（大正一三）年、日本人移民の全面的な入国禁止条項を含む「排日移民法」（以下、「移民法」とする）がアメリカ連邦議会で成立したことで、日米関係は極度に悪化していた。日本の各地でヒステリックともいえるような抗議集会が開かれ、アメリカ大使宛の遺書をもった男が「排日法を憤つて割腹自殺」するなど、「挙国反米の叫び」のなか、街には「米国討つべし」といった類の情緒的なスローガンが声高に叫ばれ（『東京日日新聞』一九二四年七月二日）、『日米戦はば』『日米戦争』などのぶっそうな本が数多く刊行された。

同年七月一日、「移民法」が実施される日に芝増上寺で開かれた大規模な抗議集会「国民対米会」の幹事内田良平（右翼運動家で大陸侵出を主唱、韓国併合では裏舞台で活躍する）は、その報告書の冒頭で次のように述べている。

「移民法」を成立させた今回のアメリカの「行動は、独り我帝国に対して一大侮辱」を与えただけでなく「亜細亜民族に対する圧迫」である。これは「東亜大陸に対する平和の脅威」であり、「我日本国民の一大覚悟」が必要である（『対米問題と国民の覚悟——奮起せる大国論集』万年社、一九二四年、二頁）。

アメリカに対する反発は、必ずしも内田ら一部の国家主義者に一般大衆が煽動された結果ではない。抗議のために日米協会の会長を辞任した金子堅太郎をはじめとする新渡戸稲造らの知米派知識人、政治家、朝日・毎日など全国の大新聞も連名で抗議宣言をだすなど、日本をあげての憤りであった。

ところが、意外にも一九二〇年代は、世界的にも国内的にも国際協調の機運が高まり、日本は国際連盟の有力国として国際協調につとめ、海軍に続いて陸軍の軍縮が行われた時代でもあった。また、アメリカとの関係維持に力をそそいだ協調外交が展開され、政界・財界・言論界は政府のこのような政策をおおむね支持し、「普通選挙法」も帝国議会を通るなど、いわゆる「大正デモクラシー」の花が咲いた。それにもかかわらず反米世論がここまで高揚したのは、日露戦争後、世界列強の仲間入りをし、国家の威信というものに敏感になっていた日本人にとって、人種差別的な「移民法」が屈辱であったからであろう。

日米人形交流は、このように悪化した日米間の対外世論を緩和させることを目的として計画された国際文化交流であった。

国際文化交流の先駆け

国と国との交流（外交）という枠を越えて、民間人が中心となり人形というモノを介して人と人とが交流することにより、よその国の文化にふれ、互いを理解することを目的として企画・実行された日米人形交流は、今日頻繁に行われている国際的な親善交流（国際文化交流）の先駆けともいえる試みである。その計画から実行まで中心的な役割を果たしたのが、シドニー・L・ギューリック（Sidney L. Gulick）と晩年の渋沢栄一であった。

近代資本主義の父と呼ばれる渋沢は、社会活動にも熱心で、東京養育院の院長をはじめ、さまざまな社会福祉事業への貢献や女子教育、商業教育への支援なども行っている。また民間外交にも取り組み、実業界の第一線を退いた後は、日米関係の改善に余生を捧げた。特にアメリカ国内の日本人移民排斥問題が日米関係を悪化させている元凶であったために、「日米関係委員会」などを設立し民間人の立場からさまざまなネットワークを作りあげ、健全な対外世論の育成に力をつくした。

だがその願いもかなわず、事態はますます悪化し、「移民法」が成立することによって日米関係は最悪の事態を迎える。「移民法」の成立阻止からその改正運動まで、八〇歳後半の渋沢はそれまで培ったあらゆる人脈に働きかけるが、成果はあがらず徒労に終わる。その挫折感に支配されていた頃、彼がもっとも信頼するアメリカ国内の協力者の一人であったギューリックが、日本の子供たちに人形を贈ることで日米親善を深める"Doll Project"を申しいれてくるのである。

国と国とが互いに理解を深めるためには、まず国民一人ひとりが相手の国の文化を理解することが大切だ。しかし、「移民法」の成立でも明らかなように、偏見をもっている大人はなかなかこれを受けいれはしない。そこでギューリックは、明日を担う子供たちに夢を託す。その第一歩として、アメリカの子供たちが日本の雛祭りに人形を贈り、日本文化にふれる機会を作ることによって幼い子供たちの間に友情の絆を築くという、一〇年後二〇年後の先を見据えて環境を整えていく最初の一歩が"Doll Project"なのであった。

その本当の狙いは、「日本の少年少女を歓ばすことではなく、第二のアメリカ国民の幼い心に日本に対する真の友情を芽生えさせること」にある、とギューリックはいう。日本ではアメリカから贈られた人形を「青い目の人形」と呼ぶが、その原語であるフレンドシップ・ドール（Friendship-Doll）は、まさにそれを表している。そして渋沢の働きかけもあって、日本政府も全面的に協力することになり、日米人形交流が実現するのである。

研究上の諸問題

アメリカから日本に送られた人形は、文部省を通して全国の各小学校、幼稚園に配付され、平和と親善の使者として大歓迎される。また、社会的にも大きな反響をよび、日本国内の対米世論の好転という意味ではある程度の効果があった。だが、児童文学者武田英子の追跡調査で明らかになったように、この人形が第二次世界大戦中に敵のスパイと見なされ処分された事実は有名だ。

昭和一八年二月一九日の『毎日新聞』には、「青い目の人形　憎い敵だ許さんぞ　童心にきくその処分」という記事が掲載されている。それは次のような内容であった。

「約十五年前日米親善のふれこみで米国からわが国の各小学校へ一体づつ寄贈になつた『青い眼をした眠り人形』は今にして思へば、恐ろしい仮面の親善使であつた」として、青森県の西津軽郡教育会で各校に保存されている人形の処置について、県の訓導練成会で検討したという。隣席の穴吹教学課長は「問題は西郡だけでなく県、否全国的問題である」と重大視した。そこで「国民学校初等科五年以上の児童に人形の渡日経路だけを説明して処置の答案をとつたところ、大部分は憎い国アメリカからの贈物である以上叩きこわせと決戦下日本の観念が童心にも根強く織込まれて」いた。なお郡教育会では「郡下の人形を一場所へ集め機会ある毎に児童らに見せて敵愾心を植え付ける方法をとる計画である」。そして、文部省国民教育局久尾総務課長は、次のような談話を寄せている。

全国各国民学校に青い眼の人形が贈られているとは思ひません、あるとしても十五年前の人形を麗々しく飾つてあるとは思へない、しかしもし飾つてあるところがあるならば速やかに引つこめて、こはすなり、焼くなり、海に棄てるなりすることには賛成である、常識から考へて米英打倒のこの戦争が始つたと同時にそんなものは引つこめてしまふのが当然だろう……（『毎日新聞』昭和一八年二月一九日）

武田は『青い目をしたお人形は』（太平出版、一九八一年）をはじめ、『写真資料集青い目の人形』（山口書店、一九八五年）、『人形たちの懸け橋――日米親善人形たちの二十世紀』（小学館、一九九八年）などの一連の著作で、人形さえも「敵性人形」として処分した昭和の時代を問いなおすという問題意識のもとに、全国を行脚して人形交流の足跡を掘り起こし、人形が戦争中に処分された事例やそれを守り抜いた人々の話を聞き取り調査するなど、多くの成果をあげた。それは敵愾心高揚のために「友情人形」を利用した戦前の教育の現状を告発する資料でもあり、武田の業績はテレビドラマや絵本をはじめ平和教育の教材などに各方面で広く取りあげられた。

しかし、このセンセーショナルな一面が注目される一方で、人形交流はこれまでほとんど学術上の研究対象にならなかったことも事実である。記録文学的要素の強い武田の著作の主な関心は、戦時中の処分と現存する友情人形、および現在の人形交流の活動などにそそがれており、日米関係の悪化を憂えたギューリックと渋沢が人形交流の中心人物であったという表向きの事実は紹介されているが、人形交流が生みだされた歴史的な背景や位置づけ、そしてその意義などはほとんど検証されていない。

学術的な評価としては、「黄禍の脅威」というアメリカ国民が抱く日本への「イメージに対抗するため、人形を媒体として対日観の好転をはかろうとした」ギューリックの発想は、「まことにナイーヴというほかない」（麻田貞雄『両大戦間の日米関係——海軍と政策決定過程』東京大学出版会、一九九三年、三四九頁）という言葉に代表されるように、「子供」や「人形」による親善交流は多分に感傷的、あるいは情緒的なものとして、政治や外交への影響も少ないと受けとられ、研究対象から外されてきたきらいがある。従来の渋沢研究も、人形交流が経済界の大指導者であった渋沢の業績からはおよそかけ離れた存在であるため、取りあげられることはまれであった(2)。

*

たしかに人形交流は、政治的には無意味な試みであったといえよう。しかし、近年の地域紛争の多くが、民族や宗教の違いを前面にだしていることからもわかるように、イデオロギー対立の時代から民族・文化的な対立の時代へと国際環境は変りつつあるように思われる。しかも、国際交流の担い手として民間人の役割が重視され始めた今日、日米人形交流は再検討されるべき、先駆的な事例を含んでいるのではないだろうか。

なぜなら人形交流は、日本国内の大多数の児童が何らかの形で参加し、保護者や教育関係者など、周囲の大人を巻き込み、新聞各紙をはじめマスコミがこぞってこれを取りあげるなど、当事者の予想をはるかに上回る国民的な関心事となったまれな事例だからである。これを民間人による大規模な国際文化交流の先駆例と位置づけて検証する時、当時はからずもこれに関係した日本人の対応や反応には、多くの興味深い事実が発見され、さまざまな教訓を私たちに残している。

林義勝が指摘するように、「文化史と外交史」の接点を探る作業は文化交流の盛んな今日的な課題である（阿部斉・五十嵐武士編『アメリカ研究案内』東京大学出版会、一九九八年、一八六頁）。先述したように、人形交流が行われたわずか三年前には「移民法」が成立し、各地で大規模な反米集会が開かれるなど、日本国内の反米感情はきわめて高揚していた。にもかかわらず、贈られた「友情人形」は日本国内で熱狂的な歓迎を受けた。この手のひらを返したような日本側の対応の変化は、一体どのように理解すべきなのだろう。それは人形交流の理念が国民一人ひとりに深く理解された結果と考えられなくもないが、それほどまでに成熟した度量をもつ国民なら、なぜ「移民法」の成立にあれほど過激に反発したのだろうか。さまざまな疑問が残る。

＊

本書の目的は、一民間人が日米関係の改善に真剣に取り組んだ結論が、両国民の相互理解をはかるための文化交流の必要性であった点に注目し、そのような発想が生まれるまでの過程を掘り起こしたうえで、当時の日本人が国と国との交流（外交）という枠を越えて、国民一人ひとりが相互理解をはかるという人形交流の理念をどこまで理解していたのかを明らかにすることにある。そして、友情人形への熱狂的な歓迎と「移民法」への反発という、一見相反するアメリカに対する日本国民のヒステリックで極端に揺れる反応は、実は根底の部分でつながる、近代日本人の多くが共有する意識だったのではないだろうか。このような仮説のもとに、人形交流への日本人の無意識な対応や反応を見ることによって、アメリカに対する昭和初期の日本人の複雑な意識を浮き彫りにしてみたい。

用語の表記と定義

童謡「青い眼の人形」（野口雨情作詞・本居長世作曲、一九二一年）は、雨情の幼い娘がセルロイド製のキューピー人形をかわいがるのを見て詩が生まれ、それを童謡歌手として人気のあった作曲者の本居の三人の娘が歌い、当時の日本で人気があった。ギューリックも人形計画を進めるにあたり、この歌に興味を示し、渋沢に正確な歌詞を知らせるよう問いあわせているが（一九二六年六月一七日付書簡）、この歌詞と「アメリカ人（欧米人）」＝「青い目」というイメージとが重なり、人形の到着前から友情人形は「青いお目の人形」「青い目の人形」と新聞・雑誌などに書かれたために、当時から「青い目の人形」という語が一般化し、人形交流も「青い目の人形」交流と呼ばれることが多い。そこで本書でも、多くの人々に親しまれている「青い目の人形」という通称を書名に用いた。その方が、一般の読者に内容が伝わりやすいと考えたからである。

しかし、本文ではその原語であるフレンドシップ・ドール（Friendship-Doll）の意味を尊重して、「友情人形」の呼称を用い、日米間の人形を通した国際文化交流である点に留意して、「日米人形交流」、あるいは「人形交流」と表記する。

なお国際文化交流は「国境を越えた文化接触。ヒト・モノ・カネ・情報の国際移動に伴う文化関係一般（広義の国際文化交流、現象としての国際文化交流）と何らかの目的のために国境を越えて人間や文化要素を接触させ、異文化関係を運営する行為（狭義の国際文化交流、事業としての国際文化交流）」（『政治学事典』弘文堂、二〇〇〇年）という定義に従えば、ここでいう「国際文化交流」は後者の意味である。

「排日移民法」は日本国内で用いられる俗称であり、正確には既存の移民・帰化法に修正追加をするために一九二四年に制定された移民法の一部改正法のことである。運用の実態はともかく、移民制限規定そのものは日本人のみを対象とはしていない。そこで一九二四年「移民法」、もしくは、「移民法」と表記する。また、日本人移民とは日本国籍だけを保持する主として移民の第一世代「一世」をさすことにする。

史料について

日米人形交流、一九二四年「移民法」およびその改正運動にかんする史料は、渋沢史料館の『国際親善人形に関する往復書翰及書類（大正一五～昭和二）』、『同（昭和二～六）』（渋沢史料館所蔵資料ファイル一三五～一、一三五～二）、『日米関係委員会記事摘要（大正一二～一四）』（同ファイル二四四～二七）、『紐育日米関係委員会書類自大正十四年至昭和二年』（同ファイル二四六～五）に、ギューリックと渋沢の往復書簡を含めて、人形交流の誕生の背景から実行までの全般にわたる貴重な史料が残っている。この大半は、渋沢青淵記念財団竜門社編『渋沢栄一伝記資料』第三四巻、第三八巻（渋沢栄一伝記資料刊行会、一九六一年）に収録されている。

渋沢はほとんど英語を理解しなかったため、英文書簡の翻訳は次のような方法がとられたという。「アメリカの友人の誰かから子爵宛に書状が到来した時には、先ず最初に彼の英語の秘書によって日本語に翻訳された。次に書状は正規の秘書に渡される。秘書は注意深く校閲して速やかに分かり易く訂正し、その上でタイプされる。このタイプされた書状はクリップで原書状と留め合わされて子爵に呈出された。子爵は読みおわるとあちこちと文章のセンテンスを訂正し、それが終わると署名をし、閲読の日付を加えた。」（Kyugoro Obata, *An INTERPRETATION of THE LIFE of VISCOUNT SHIBUSAWA*, DAIYAMONDO JIGIYO KABUSHIKI KAISHA BIJUTSU INSATSUSHO, 1937, P. 237. 但し引用は『渋沢栄一伝記資料』第四〇巻、六九五頁）

外務省側の資料としては、外務省外交史料館の『本邦各国贈答関係雑件』に人形交流にかんする資料がファイルされているが、主要なものは『日本外交文書』昭和期・第二部第四巻（外務省、一九九一年）に収録されている。

「国際児童親善会」側の報告として、The Committee on World Friendship Among Children, *Dolls of Friendship*, Friendship Press, 1929. がある。磯部佑一郎『青い目の人形の小さな大使』（ジャパンタイム

ズ、一九八〇年）に、その抄訳がある。

青い目の人形と近代日本・目次

第3章 日米人形交流——■「友情人形」から「答礼人形」まで……67

第4章　人形交流への理解――外地の日本人の反応……133

凡例

1　本書では読者の便宜に資するため、原本を確認の上、引用は基本的に史料名等を示し、『渋沢栄一伝記資料』に収録されているものは『伝記資料』と略記して、刊号数とページ数を記した。なおギューリックの書簡は、原文を参照の上、渋沢の秘書による日本語訳を引用した。

2　引用文中には一部現代仮名遣い、常用漢字に改めたところがある。また読者の利便を考え適宜、読点、句点、ルビ等を付した。なお、特に断りのない限り、引用文中のかっこ及び傍線は引用者の補足である。

3　本文中の写真で出典を明示しているもの以外は、横浜人形の家『青い目の人形にはじまる人形交流』展図録（一九九一年）からの転載である。

青い目の人形と近代日本

渋沢栄一とL・ギューリックの夢の行方

第1章 人形交流誕生の背景・1

■渋沢・ギューリックと「移民法」

1　日本人移民排斥問題

1　渋沢栄一と国民外交

■民間経済界の大指導者

渋沢栄一は一八四〇（天保一一）年、現在の埼玉県深谷市血洗島の養蚕と藍玉の製造で繁栄する、名字帯刀を許された富裕な農家に生まれた。七歳になると従兄の尾高惇忠《あつただ》に師事し論語を中心とした漢学の素養を身につけ、水戸学の影響を受け継ぐ尾高の感化を受けて尊王攘夷の思想を抱くまでになる。

それについて渋沢は、一九二七（昭和二）年三月の『竜門雑誌』第四六二号に掲載された「米国より人形を送られて——日米関係委員会の大要——」という講演のなかで、次のように回想している。

私は若い時分に斯様に考へました。日本は徒らに外国と交わつてはならぬ。若しそれが為め功利一方の外夷に侵され、我が純朴の気風を濫されるならば、東洋に於ける君子国の将来は如何になるのか。当路の人々は徒に外敵を恐れ、たゞ其の命に是従と云ふやうな有様である。兎もすると攘夷の勅命に背く嫌がある。如斯は実に国を乱すの基を為すものである。と若かつた関係もあつて、大いに憤慨したものであつた(1)。

攘夷を目的として、高崎城の乗っ取りや横浜居留地の襲撃を計画するが中止し、幕府からの摘発をおそれて京都に逃れる。そこでかつて面識のあった一橋家の家臣平岡円四郎と出会い、彼の推挙で一橋家に仕官した頃、ほどなく慶喜が一五代将軍となったために幕臣となってしまう。そして一八六六（慶應二）年、慶喜の弟昭武を団長とするパリ万国博覧会に使節団が送られるのに際して、経理や雑務を担当する随員を命じられるのである。

攘夷論者若き渋沢栄一は、皮肉にも幕臣となりフランスをはじめとするヨーロッパを歴訪することになる。そこで銀行・鉄道・ホテル・福祉施設などが立ち並ぶ近代のヨーロッパ社会にふれたことが、彼の世界観を一変させる。渋沢は攘夷によって鎖国し、国際的に孤立することなど論外であり、開国して近代化につとめる以外に、これからの日本には道がないことを悟るのだ。

……私は其の後攘夷と云ふても単純な攘夷ではいかぬと、学問上からでなく、実際的の事情からさとるやうになり、次いで身柄も一ツ橋の家来となり、更に幕臣となり、間もなく民部公子に随行して仏国へ赴くやうになりました。其処で実地外国の土地を踏み、一般の有様を親しく見聞したから、以前の無暴な考えが誤つて居たと云ふことが判つたのであります。而して日本が外国と交わるに就ては、充分に国を開いて道理正しく交際をしなければならぬ。又日本は外国の進んだ科学上のことを大いに学ぶ必要があると考へたのである(2)。

パリ滞在中に幕府が崩壊し、帰国した渋沢は静岡で日本最初の会社組織である「商報会所」を設立するなどしているうちに、有能な人材の確保を必要とする明治政府から仕官を求められる。断るつもりで上京したところ、逆に大隈重信に説得されてしまい、民部省租税正に任命され、「心ならずも一橋家に仕え、つづいて不満ながらも幕臣になった渋沢は、今また不満ながら新政府の人となる」(3)のである。

新政府では井上馨のもとで才能を発揮し、一八七一（明治四）年には薩長閥に無縁でありながら大蔵大丞に抜擢され、この時代に伊藤博文、井上、大久保利通、木戸孝允、西郷隆盛など明治の元勲と交わりをもち、人脈を築く。

このような数奇な運命をたどりながら、一八七三（明治六）年、財政改革の主張が受け入れられず井上とともに三三歳で大蔵省を退官すると、以後、大蔵大臣をはじめとする数々の任官の誘いを断り、かたくななまでに「民間人」にこだわる生涯を送る。

たとえば、一九〇一（明治三四）年に井上馨が首相に就任する動きが生まれた時に、井上は渋沢が大蔵大臣に就任することを条件に首相を引き受けることを伝えたというが、渋沢は断固として受けいれず、結果として井上内閣は実現しなかった、という話は有名である。

……井上さんは直に私に大蔵大臣をやつて呉れと云はれた。而も直接交渉の上に、更に内務大臣になると云ふ芳川顕正さんを通じ、或ひは楠本正隆君や園田孝吉などを通じて頻りに慫慂して来たが、私は最早役人にはならないと確乎たる覚悟を持つて居るので之をきつぱり断つた処、井上さんが渋澤が出なければ自分も引き受けぬと云出した。其処で今度は山縣さん、伊藤さんの方から人情づくで私に大蔵大臣を引き受けて呉れと云つて来て、『君がやれば井上もやるのだから』と切に奨められたが、初めから私は政治をやらぬと決心して居るので、断然お断りすると申出でた。併しどうしても聞かず、『自己一身の為め不人情を敢えてしてもよいのか』など頻りに云はれので、私は『人情の為なら主義を没却してもよいと云ふ筈はない。併し左様に熱心に勧められるのを一概に断ることも出来ませぬから、第一銀行を一緒にやつて居る人々にも相談し、銀行経営上から皆の者に判断して貰つて、皆が承知したなら引受けませう。』（と銀行の重役たちに相談したところ、皆承知しないので、代表者が一人）山縣さんと伊藤さんの処へ断りに行つて貰つて兎に角きつぱり断つた。そして遂に内閣は流産して、沙汰止みとなり、結局桂内閣が出来た様な訳であつた(4)。

渋沢の気骨がよく表れているエピソードである。たしかに「民間人」渋沢の前半生は、日本に欧米風の財界を作るために奔走し、一八七三年に自らが制定した銀行条例に基づいて日本最初の銀行である第一国立銀行を設立したのをはじめ、近代日本のほとんどあらゆる産業を起したといっていいほどの活躍をした。

維新後、国をあげて欧米化につとめた明治の指導者は、程度の差はあるが、自らが国家の命運を担っているという気概があった。彼らは、欧米の国家をモデルにそれぞれの政治的・経済的な制度や機構を築きあげるが、その意味では渋沢も単なる民間の一実業家ではなく、近代日本の「民間経済界」を作りあげた人物である。それは「余の事業に奔走するのは、一念国家の利益を図るにあり。故に成立の見込みある事業なれば幾個にても成立せしめることに尽力し、国家経済の発達を助けんとす」(5)、という言葉によく表れている。

生涯にわたり設立、ないし援助した企業の数はおよそ五〇〇社と推定され、金融・鉄道・運輸・紡績・製紙・土木・建築・電気・ガス・化学・造船・ホテル・倉庫・流通などあらゆる分野にわたっている。それは、あえて財閥を作ることもなく、日本の近代化につくし、公益に貢献した経済活動であった。

土屋喬夫が指摘するように、渋沢は「自己一身の営利追求ないし、資本の蓄積にのみ働いた人ではな」い。「単なる実業家あるいは単なる資本家、単なる金持」ではなく「近代化における民間経済界の大指導者」(6)であった。

■公益の追求――社会福祉、教育、国際親善・民間交流

渋沢の偉大さは社会福祉、教育、国際親善・民間交流の三つの分野を中心に公的貢献に力をつくしていることにも表れている。渋沢が関係した社会事業その他の非営利事業が約六〇〇前後あったという調査結果にもあるように、それは「公的視点に基づいて民が官の補完の役割を担おうとする」(7)ものであり、曾孫渋沢雅英の言葉を借りれば、「富国強兵の背後に積み残されたこの国の知的・社会的インフラストラクチャーの構築」(8)に取りくんだといえる。

特に、資本主義の形成や発展過程において産まれる近代化の歪みや弊害の犠牲となった弱者を救済するために、渋沢が積極的に社会事業や慈善事業に貢献したことは大いに評価されるべきことだろう。一八七二(明治五)年に設立された東京養育院では、一九三一(昭和六)年にその生涯を閉じるまでの五六年間にわたり身寄りのない少年少女や老人のために院長を務め、その他にもさまざまな事業に経営面での支援を中心に尽力している。

民間団体が社会事業に取りくみ、またそれを拡張させようとする場合、その事業が組織的・継続的になると判断すれば、首唱者が仏教・キリスト教や外国人など信条や人種、テーマにかかわらず個人の立場から支援し、募金活動の呼びかけ人となる。中央社会事業協会(全国社会福祉協議会の前身)・滝野川学園・東京感化院・慈恵会など援助したものは四〇余におよび、また商業教育ばかりではなく、日本女子大学校の建学に尽力するなど、女子教育への貢献も注目される(9)。

一九〇九(明治四二)年古希を迎えて、渋沢は大半の関係事業・役員を辞め、実業界の第一線を退い

た後、余生を捧げたのが国際関係、特に民間人の立場から悪化した日米関係を改善するための活動であった(10)。

前述の『竜門雑誌』の講演記録によれば、渋沢は「正義人道の国」としてアメリカにつねづね好意的なイメージを抱いていた。

……私が知つて以来の外国関係は米国との交渉が最初であり、又強く響いたので、米国のことが早くから私の脳裡に這入つて忘れることが出来ないのであります。……米国との関係は最初から非常に都合よく、例えば馬関事件の際にも、第一番に償金を返し、特別条約改正にも先へ立つて同意してくれた。又国家として重要な関税の税目のことに付けても、ハリスが一々指摘して、之は斯様したがよい、之は斯様したが方が得であると非常に心配して種々親切に尽してくれたので、米国との関係は順調に進んで行つた。……

だがそれまで協調的な関係を保ってきたアメリカとの関係は日露戦争後、満州の鉄道権益や日本人移民排斥問題等をめぐって対立が表面化し始めていた。生糸など日本製品の最大の市場であり、当時数少ない貿易黒字国であったアメリカは、日本の最大の経済パートナーとなりつつあり、渋沢は「一九〇二年の欧米視察の体験からアメリカの将来性を高く買っていた。したがって日米関係の悪化を人一倍憂慮し、一経済人として何かできることはないかと真剣に考え始め」(11)ていたのだ。

特に、サンフランシスコの日本人学童隔離問題をきっかけとして日本人排斥問題が外交上の問題となり始め、日露戦争後に外相小村寿太郎から民間外交の必要性を説かれてからは、民間人の立場から日米関係改善のための運動に力をそそぐ。それについて、渋沢自身は次のように回想している。

……明治四十年であつたかと思ひます。其際小村侯爵から……『移民問題は……紳士協約で一時的のつなぎはつけたが、永久に安心しては居られぬ……米国は世論の国であるから、直接国民に強い感じを与へるのが最も適当と思ふ、それには商業会議所辺りで心配して欲しい』……(12)。

渋沢自身、日米関係を悪化させている移民問題の解決につくすのが日本人の義務であるという思いを強く抱く。

……日米間の諸問題に就いて喋々述べることは、国交と云ふ公のことであるだけに、家庭や一身のことと異なり、公事を私事に引つけるやうな感じがしないでもないが、私が此の問題に対して努力して居るのは、誰から命ぜられたのでもなく、依頼せられたのでもなく、真に日本の国民の一員として、国家に尽さねばならぬと、自分で深く決意した為である……(13)

世論の国アメリカでは、選挙で選ばれた代表者が政治を行うシステムが確立されている。この時期のアメリカの政策決定のスタイルは、白人労働者が日本人排斥を叫び、それを地方政治家が支持基盤の拡大に利用し、新聞が煽動的な記事を書きたてる。ワシントンの連邦政府はなだめ役にまわるが、地元を抑えきれず、筋が通るか通らないかは別にして、大勢に引きずられる形で、問題の解決策を日本政府に提示してその受けいれを迫るという、アメリカ流の「世論」の政治の典型的なものであった、という(14)。

つまり、日米関係を改善するためには政府だけではなく、国民レベルで親善を深める必要があった。そこで渋沢は、その役割を担うことを決意する。そして、一九〇八、九(明治四一、二)年に日米両国の実業訪問団の組織化、アメリカ太平洋岸の商業会議所代表の訪日、日本の実業団の訪米に尽力し、続いて、一九一三(大正二)年の「対米同志会」、一九一六年には「日米関係委員会」を組織化するなど精力的に活動するのである(15)。

一九一五(大正四)年、七五歳の渋沢はサンフランシスコでパナマ運河開通記念万国博覧会の出席かたがた、日米親善のために渡米して欲しいという要請を首相大隈重信、外相加藤高明らから受ける。この時サンフランシスコ商業会議所内に「米日関係委員会」を組織していた会頭のウォーレス・M・アレキサンダー(Wallace M. Alexander)に会見するが、そこで渋沢はアメリカ側の「委員会に対応して、日本でも類似の委員会を設置する必要性を認め」(16)る。

翌年有力な実業家や知識人を中心に二四名で、日本でも「日米関係委員会」を設立する。その主なメンバーは渋沢をはじめ、財界からは東京商工会議所会頭中野武営、横浜正金銀行頭取井上準之助、三井合名会社理事長団琢磨、そして新渡戸稲造（東京帝国大学教授）、島田三郎（衆議院議員）、金子堅太郎（枢密顧問官）、瓜生外吉（海軍大将）などの日米関係に関心の深い人たちであり、渋沢と中野が常務委員として会の運営にあたることになった。以後、同委員会が渋沢の活動のよりどころとなる。

日米関係委員会が主な「相手として着目したのは、国内では首相、外相らの政府要人、外務省の幹部クラス、そして世論」、そして対外的には「アメリカの世論」であった。伊藤博文、井上馨、山県有朋、桂太郎、小村寿太郎、大隈重信など日本の要人やアメリカ側とも大きな人脈をもつ渋沢に、政府の首脳も外交を補完する役割を期待していた。

これを渋沢は「国民外交」と呼ぶが、彼は民間人の立場から日米関係の改善、特に日本人移民排斥問題の解決のために、いわゆる「民間外交」にその余生を捧げる。そして、そのアメリカ国内の有力な協力者の一人がシドニー・L・ギューリック（Sidney L. Gulick）であった。

2　シドニー・L・ギューリックとの出会い――「帰一協会」を通して

ギューリック(17)は、一八六〇（万延元）年マーシャル諸島エボンに生まれた。父ルーサ（Luther Halsey Gulick）は、日本や東洋に数多くの宣教師を送りだしたギューリック一族の一人であり、米国最初の超教派的な外国伝道団体であるアメリカン・ボード（American Board of Commissioners for Foreign Mission：ABCFM）の宣教師であった。

一八一〇（文化七）年、アメリカン・ボードはニューイングランド組合教会派を中心に発足し、マサチューセッツ州ボストンに事務所を置いた。同会で日本伝道が決議されたのは一八六九（明治二）年であり、同年一一月にＤ・Ｃ・グリーン夫妻、一八七一（明治四）年三月にはギューリックの叔父のオラメル・ギューリック（Orramel Hinckley Gulick）が来日している。

彼は、父と同じアメリカン・ボードの宣教師として、一八八八（明治二一）年に叔父のいる熊本で宣教師活動を始める。以来、一時帰国をはさみながら一九一三（大正二）年まで日本に滞在し、各地で伝道につとめ、一九〇六（明治三九）年からは同志社大学神学部で教鞭を取っている。

ギューリックと渋沢栄一との出会いが資料的に確認できるのは、一九一二（明治四五）年四月に渋沢邸で行われた「帰一協会」の第一回準備会がもっとも早いが(18)、厳密にいえば、その前年に二人は京都で会っていたと思われる。後年ギューリックは、「進歩的で、理想主義的な愛国者の小さな集まりを通して渋沢と初めて会った。日本女子大学の校長の成瀬仁蔵が、京都までその設立趣旨を説明に来た」(19)と述べている。

この集まりが「帰一協会」であることは間違いないが、たしかに一九一一（明治四四）年五月一四日から二二日まで、同会設立の主要メンバーであった成瀬と渋沢、森村市左衛門等は、日本女子大学校の拡張資金募集のために関西旅行をし、五月二一日には、渋沢が同志社で講演を行っている(20)。この時ギューリックは初めて、渋沢の面識を得たのであろう。

彼らの付きあいが「帰一協会」を通して始まったことは、渋沢の次の発言からもわかる。

……例せば先年我国精神界の帰一を計らんとして設立せられし帰一協会に於ても、余は原田校長及びギューリック博士等と一昨年来親しく事を共にしつゝあり。殊に博士の如きは学殖深く識見博く、正に是れ精神界の一雄と称すべし(21)。

帰一協会は、王陽明の「万徳帰一」からその名を取った、道徳、教育、文学、宗教などの精神的統一を図るための意見交換の場であった。「古今東西の思想を研究」し、「相互の理会を増進」し、その一致点を探ることで「堅実ナル思想ヲ作リテ一国ノ文明ニ資スル」ことを目的としていた(22)。

渋沢は、準備会の席上、現在日本には色々な宗教や道徳が入り混じり、どこに心を落ち着けてよいか迷うことが多い。それと同じように「東西両洋文明の関係」がギクシャクするのも、「単に国際問題ではなく、「此の辺に関係」があるのではないかと挨拶している(23)。

後日、ギューリックは「近来になき趣味深き有益の半日」であったという礼状を渋沢に送り、その際伝えきれなかった自分の意見を補い、あわせて議論が佳境に入るのに従い、思わず英語を使ってしまったことを詫びている。また、この時渋沢の人柄に感銘を受けたことが、この書簡には表れている。

ギューリックは、「演説に於いて日本人以上の弁舌」をもち、流暢な日本語を話したという(24)。「同志社創立当時の宣教師方」も日本語が上手だったが「もう一つあか抜けしていなかった」。ところが彼は「顔を見ずに聞いていると」「日本人が話しているかと思うくらい」であり「文法的には、……下手な日本人が日本語をしゃべる者より、むしろ正確であった」(25)という。英語を理解しない渋沢にとって、ギューリックは、容易にコミュニケーションをとることのできる、得がたいアメリカの知識人であった。時に、渋沢七二歳、ギューリック五二歳であった。

それからまもなく、ギューリックは足の付け根の腫れものを取り除く手術を機に体調を壊す。春まで軽井沢で静養し、一時教壇に復帰したものの、一九一三（大正二）年六月には療養のために一時帰国する。

だが、帰国したギューリックを待っていたのは、カリフォルニア州を中心とする日本人移民排斥問題であった。彼は再来日する意志をもちながら、アメリカ国内の排日感情の高まりに驚き、次第に日米関係改善運動にのめりこんでいくのである。

3　ギューリックの帰国後と日本人移民排斥問題

ギューリックの帰国一カ月前に、日本人一世は帰化権のない外国人として土地の所有権を奪われる「カリフォルニア州外国人土地所有禁止法」が成立しているが、アメリカ西部を中心に組織的な排日問題が活発化する時期と、彼の帰国は重なっていた(26)。

彼は病気が治りしだい日本に帰る予定を変更し、しばらくアメリカにとどまる決意をする。それは当時の同志社大学の「同志社社長兼校長報告」からもわかる。

大正二年度には、次のように記されている。

神学部に於いてはギュリツク教授、大正二年六月俄然発病、医師の勧告に依り帰米の途に上りしが、幸にして健康は殆んど回復したるが如しと雖も其儘米国に在り、日米両国の国交親善の為めに各地を巡回しつゝあり、多分（大正）三年末頃帰校すべく期待せらる(27)

翌年度の報告にはいったん帰国したが、「米国キリスト教同盟の嘱託により日米国際親善」(28)に尽力するため、さらに一年の休暇をとった。さらに、大正四（一九一五）年度は、ギューリックがなお「米国に滞在し日米親善の為め努力中なるを以て未だ帰校」しないため、「神学部の教授力には少なからざる欠陥を感ぜざるを得ず」(29)という報告になる。そして、大正五（一九一六）年度には、正式に同志社を辞任してしまうのである(30)。

この時期のギューリックのアメリカ国内での動きを整理すると、日本人移民排斥問題解決のために、まさに八面六臂の活躍であったことがわかる。

まず帰国そうそう、アメリカン・ボードを通して米国キリスト教教会連盟に「カリフォルニア州外国人土地法」に反対する請願書を提出し、同連盟から西部に派遣され、日本人居住地域の事情調査を行っている。それに基づき翌一九一四（大正四）年には *The American Japanese Problem* を著し、排斥問題はアメリカ人の日本人に対する誤解や無知が主な原因であることを説いている(31)。

また、同連盟によって組織された日本関係委員会（A Commission on Relations with Japan）の代表者に、翌一九一五年には国際正義と親睦委員会の幹事（Executive officer）に就任。この年の初め帰一協会の招待で再来日し、一一月には渡米した渋沢と排斥問題への対応を話しあうなど(32)、めまぐるしい動きを見せている。

日本人移民排斥は、主に二つ理由があげられる。

① アメリカ移住が禁止された中国人のかわりに日本人への需要が高まり、アメリカ西海岸の日本人労働者が急増していたこと

② ハワイ王国がアメリカに併合されたために賃金の高い本土に渡る日本人(いわゆる転航者)が増えたこと(33)

日本人移民排斥問題(34)が日米間の外交上の争点になるのは、一九〇六(明治三九)年のサンフランシスコ地方の大震災を契機として起こる、いわゆる「日本人学童隔離問題」からである。以後一九二四年「移民法」が成立するまでの約二〇年間、移民問題が日米外交摩擦の重要な要因となる。

「日本人学童隔離問題」(35)とは、一九〇六年一〇月、サンフランシスコ市・郡学務局が、同市の公立学校に通学する日本人を「東洋人学校」に転校するよう(対象者は九三名)に命令したことから始まる。その表向きの理由は、地震の影響で市の公立学校の一部が焼けて、狭くなったということであった。だが、地震直前には、日本人が経営する商店やレストランなどがボイコットされ、投石や嫌がらせ事件も頻発していたという。このような時期に「学童隔離」が決議されたのである(もっともそれ以前にも同様の決議はあったが、実行されなかった)。

日本人移民の子弟は公立小学校を退学させられたが、保護者はこの決議に従わず、子供を自宅待機さ

せた。また、サンフランシスコ駐在の上野季三郎領事は学務局と市長代理へ、青木周蔵駐米大使は国務長官に対して抗議を申し入れるなどしたために、「学童隔離問題」は外交問題にまで発展したのである。

大統領セオドア・ローズヴェルト（T. Roosevelt）は事態収拾のため、裁判に訴えるなどの手段をとる一方で、サンフランシスコ市長・学務局長等をワシントンに招き説得を行っている。その結果、市側が決議を撤回するかわりに政府側が日本人移民を制限することを約束し、「学童隔離問題」はひとまず解決に向かう。

一九〇八（明治四一）年の「日米紳士協定」やハワイからの日本人移民の転航の禁止は、その成果であった。特に、日本側は、紳士協定により一般旅行者、商人、官吏、学生を除いて、原則としてアメリカ向け旅券を発行しないという移民の自主規制を行ったのである。

しかし、排日感情は納まるどころか、エスカレートするばかりであった。ギューリックの帰国は、その真っ只中の出来事であった。

第一次世界大戦中（一九一四年～一九一八年）は、日本とアメリカがともに連合国側に立ったこともあり、排日運動はいくぶん穏やかになる。一九一七（大正六）年の「移民法」では、アジアの例外として日本人は法律による入国禁止規定の適用を免れる。しかし、大戦が終わると、排日運動は再び活発になる。

一九二〇（大正九）年には「カリフォルニア州外国人土地所有禁止法」の強化法案が審議される。渋沢はその成立を抑えるため、日米関係委員会を中心にアメリカ実業人歓迎会を組織し、東部、西部の親日家を招き、東京で非公式協議会を重ねている(36)。

そこで「日米両政府から任命された委員から連合高等委員会を設置する」よう、日米の両関係委員会が協力して「両政府に建議する」という決議が行われた(37)。しかし、同年一一月、強化法案は成立し、このような情勢は他州へも広がりそうな勢いを見せ始める。

翌一九二一年、八一歳の高齢をおして渡米した渋沢は、ギューリックと協議のうえアメリカ東部にもニューヨーク米日関係委員会（National Committee on American Japanese Relations）を設立する(38)。

また、一九二二（大正一一）年再来日したギューリックは、翌年六月の帰国直後に渋沢と頻繁に接触している(39)。彼らは、今こそ非公式協議会等で決議した「日米連合高等委員会」設置案の発表の時期だと判断し、その陳述書を作成する。六月五日東京銀行倶楽部で行われた渋沢主催のギューリック博士送別晩餐会は、陳述書の発表会でもあった(40)。

日本滞在中はごく短期間の接触であり、あまり深いともいえなかった彼らの関係は、むしろギューリックの帰国後に、日本人移民排斥問題を通して深まっていく。しかし、彼らの努力にもかかわらず、過去十数年間の排日運動の帰結ともいえる一九二四年「移民法」が、審議されようとしていた。

2　一九二四年「移民法」——渋沢とギューリックの絆

1　一九二四年「移民法」と日本人

当時、移民の増大に頭を悩ませたアメリカは、国内在住者の出身国別の比率で移民数を制限しようとしていた。一九二四年「移民法」(41)は、アメリカへの入国総数を本土在住者の旧本国別比率で割り振り、それぞれの国の移民割当数とする、いわゆるクォータ制と呼ばれるものであった。たとえば、今アメリカ国内にドイツ人出身者が○○％いるので、移民数○○人を割り当てる、同じようにイギリス人は○○人が移民可能な人数であるという制度である。だが問題は、日本人は「帰化不能外国人」に分類され、アメリカへ移民することのできる「割当国」には入れられなかったことであった。

「帰化不能外国人」とは、日本人を含む全アジア人（中近東を除く）をさす(42)。アメリカの「南北戦争」後に制定された法律には、帰化について「自由な白人およびアフリカ人（black and white）……」という規定があった。日本人は、白人でも黒人でもない、黄色人種だから帰化できない。したがって、アメリカ人になれない人種だから移民の割り当て数には入れないというのである。

先の一九一七年「移民法」では、アメリカは入国を禁止されるアジア地域から日本を除くよう、いわゆる「太平洋三角地帯」という表現に条文を修正していたので、すでに中国人やインド人など他のアジア地域の人々はアメリカへの入国が禁止されていた。一九二四年「移民法」のいう「帰化不能外国人」

は、実質的に日本人移民を対象としていたが、なぜ当時の日本人は、これほどまで反発したのだろう。「脱亜入欧」という語に象徴されるように、近代の日本は列強諸国の仲間入りをするために伝統も捨てて、多くの犠牲を払い、西洋化につとめた。つまり長年培われた生活習慣さえもかなぐり捨てて、サルまねと笑われようとも、欧米の制度や文化を取りいれることに必死な努力をし、精神的にも大きな犠牲を払いながら近代化に国をあげて一丸となって邁進した歴史であった。そして日清戦争に戦勝し、日露戦争では列強の一員であるロシアとも互角の戦いを見せ、台湾・朝鮮を植民地にして、産業革命も成しとげた。

明治の終わり頃から大正にかけて、多くの日本人は近代国家の仲間入りを果たし、「脱亜入欧」を成しとげ、欧米列強諸国の一員として認められた、という思いを共有していた。そればかりではなく、一九一九（大正八）年第一次世界大戦後のパリ講和会議では、有色人種の国として初めて国際会議の主役に加わり、一九二一（大正一〇）年のワシントン会議では、主力艦の保有量をアメリカ、イギリスに次いで割り当てられた。

国民の間には、日本は世界の「一等国」になったという自負心が生まれつつあった。それにもかかわらず、「移民法」は、「一等国」日本を遅れたアジア諸国と同列に扱っている。他の列強諸国（日本以外は白人国）が移民の「割当国」なのに、日本だけが「割当国」ではない。つまり、アメリカへの入国に適さないアジア諸国の一国として法律で分類されることが、日本人には堪えられない屈辱であったのである。

この点にかんしては、一般国民はもちろん、新渡戸稲造など知米派知識人、そして渋沢も同じである。先の連合高等委員会の陳述書がいうように、「……（このようなやり方は）人種差別ヲ以テ日本人ニ屈辱ヲ与フルモノニシテ国際諸条約ノ基本タル国際的好意礼譲ニ背キ……正当ナル国際関係ノ依ツテ以テ立ツ所以ノ根本原則ヲ覆スモノト云フベシ……」(43)であった。

「移民法」が議会で議論されていたさなか、アメリカのチャールズ・ヒューズ（Charles E. Hhughes）国務長官に宛てた駐米大使埴原正直の抗議の手紙はよく知られている(44)。もし「移民法」が成立すれば、日米関係に「重大ナル結果ヲ誘致」するという一文が議会に利用されたが、その主張するところは、次の点にあった。

単に数百名の日本人が他国の領域に入国を許さざるや否やの事実はなんら重要なる問題にあらず。重要なる問題は、日本が一国として他国より正当の尊敬及び考慮を受くる資格ありや否やの点にあり(45)

つまり、日本にとって移民を送りだすことは二の次の問題であった。これは移民の割当数があるかないかではなく（事実紳士協約によってすでに自主的に移民を制限していた）、白人諸国を構成員とする列強国の一員として日本が扱われるか否か、いわば「面子」の問題であった。したがって、日本人がこだわったのは、「帰化不能外国人」のなかに日本人が分類されることは「国民ノ自尊心ヲ著シク傷」(46)つけることであり、経済上の不利益ではなく、国際社会での体面であったのである。

「移民法」が、米国議会で審議されようとしていたことを知った渋沢は、前述の陳述書発表会の席上、次のように述べたという。

日本は従来総べての問題に就いて米国に譲つた、日本の国策の本源と云はる丶日英同盟すらも捨てた。……然るに之に対して米国は何を与へたか。一移民問題すらも、国内問題なる事を名として、何等解決の誠意を示さないではないか……(47)

『中外商業新報』は、そのような渋沢の様子を「……心がらか、あの温厚重徳な渋沢さんが憤怒さへ含んで居る……渋沢さんの平素を知る者には、それが如何に思ひ切つた云ひ分であるかが分かる」(48)と伝えている。

2　排斥する側の理由

カリフォルニア州で日本人排斥運動の先頭に立ち、サクラメント・ビー紙の主筆で論客でもあったヴァレンタイン・マクラッチー（V. S. McClatchy）は、日本人移民の脅威について次のような趣旨を述べている。

日本人移民は同化しえない人種であり、米国の利害にとって危険である。日本人の異常な出生率によつて白人人口は黄色人種に呑み込まれてしまう。また、日本人は低賃金でもよく働く等、経済競争でも優れた利点をもつており、白人労働者はやがて圧迫されるであろう(49)。

また、一九二四（大正一三）年三月一一日の上院移民委員会の「ヒヤリング」では、日本にクォータ制を適用し「紳士協約」とともに二重の制限を加えれば、日本人移民の入国者数はわずかであり、排日条項によってわざわざ日本との友好を損なうことはないではないか、という質問には、このように答えたという。

……「クォータ」ヲ日本人ニ適用スルコトハ即チ日本人ヲ州人ト平等ニ取扱フコトニシテ此結果延ヒテハ日本人ニモ将来帰化権ヲ与フルト云ウ所迄進マシムル虞アリ……米国ニ於ケル日本人ハ此結果益々増加シ西部ニ於ケル日本人ハ白人ノ人口ヲモ凌駕スルニ至ルヘシ……（日本人の同化不能、二重国籍問題等をあげ）日本移民ノ海外移殖ハ日本ノ国是ニシテ日本ハ大和民族ノ殖民地ヲ米国ニ建設スルコトヲ目的トスルニ外ナラス……人種上ノ相違ノ結果事実ニ於テ米国ニ同化スルコト不可能ナリ(50)

埴原書簡によれば、「紳士協定」以来一五年の間に移民を含めた日本人のアメリカ入国者の増加数は八六八一名、年平均五七八名にすぎなかった。

しかし、当時のアメリカはアングロサクソン系を中心とする北欧、西欧からの移民が減少し、東、南欧系移民が増大、人種的な緊張が広がっていた。しかも、恒常的に「失業者が出始めたという経済状況」も重なっていた。さらに、第一次世界大戦への参入により国家的なアイデンティティが求められるなど、「アメリカの人種的、文化的伝統保持」(51)の必要性も高まっていた。

このような事情が人種的偏見や黄禍論、日本の政治的進出などとも複雑に絡みあい、日本人に対する幻想や潜在的な恐怖感さえ生みだし、移民排斥につながったのだろう。しかも、排斥する側の一部には「帰化不能外国人」という条項に日本人がここまでこだわることが理解できなかった人々もいて、日本がアメリカへ自由に移民を送りこむことを要求している、という誤解を生む一因ともなっていた。

成りあがってきた人間は、えてして強いコンプレックスに支配されることがある。アメリカ人から見ると、取るにたらないことでも、日本人からすれば侮辱だったのである。

列強諸国と同等に扱ってほしいという日本の要求が、アメリカ人にはなかなか理解されなかったという点では、マクラッチーなどの排日派も、いわゆる親日家といわれる渋沢の協力者たちも大差はなかった。

「移民法」成立後渡米し、太平洋問題調査会出席のかたわら情報を収集した頭本元貞は、帰国後「日米関係委員会」で次のように語っている。

今回の旅行中私の最も奇怪に感じましたのは、ウキリアムスタウンの研究会に於いても、又は桑港のリンチ氏の如き親日者でも、我々日本人が何故に排斥移民法に反対するのかの真意を理解し居らざる事であります。即ち日本人が差別待遇法を目して自分等を劣等視するが故であるとの方面を深刻に考へて居らないのであります(52)

後に詳しく述べるように、日本側の立場をアメリカ政府はある程度理解していた。だが、議会の排日派といわれる人々には通じなかったか、もしくは理解していたとしても、選挙権のない日本人に力を貸そうという政治家はあまりいなかったのである。

当時のカリフォルニアは、日本人の排斥を声高に叫ぶことで、白人間の団結が生まれ、新聞は売れ、選挙では票になるというありさまであった。

3　ギューリックの認識

このような両国間の事情をギューリックは、どのように認識していたのだろうか。

排日問題へのギューリックの認識は、大統領が法案に署名した後の六月一一日付の書簡に詳しい。それを要約してみよう。

移民法に対する日本側の猛烈な批判は、米国の主戦的新聞紙に利用され排日世論の形成に利用される恐れがある。また、米国議会が故意に日本を侮辱したとかきたてている日本の新聞記者の論調はあまりに煽動的であり、これは米国が長年に渡り移民の増大に悩まされた結果である。

米国は、すでに一九一七年の移民法で日本以外のアジア移民を禁止している。そして、今回の移民法の目的は、欧州の移民を制限することである。議会の決議は非難すべきことは多々あるが、日本の新聞記者がかきたてるような意図はもっていない。

一方、米国人には日本が世界の列強として認められたいという要求がつたわっていない。そして、なぜ帰化不能外国人の入国を制限することに日本がここまで反発するのか理解に苦しんでいる。そこから日本は、米国に自由に移民を送ることを要求している、と誤解しているむきがおおい。

米国は日本に対して今回の非礼を謝り、日本も米国議会の議決の裏に潜在する問題をよく理解すべきである(53)。

一九二四年五月二日の渋沢宛の書簡には、アメリカは日本を侮辱、蔑視する気は毛頭なく、ただ労働者数が国内に増加しないことを希望しているにすぎない。この議論は「米国に於ては日本を、日本に於ては米国を甚しく誤解」している。「相手国の問題、希望及心理を諒解する為には双方共に忍耐と熱心なる努力を必要とする」(54)と書いている。

3　日本国内の反発と「移民法」改正運動

1　「移民法」と日本人の屈辱感

一九二四（大正一三）年にはいると、「移民法」は成立する勢いを見せ始める。それを阻止するために渋沢は、これまで培ったアメリカ人脈に全精力を傾けて働きかけている。

五月一六日付書簡は、ジョンソン案、ショートリッジ修正案が上院、下院を通過したという報告を受け、ギューリックに一層の尽力を要請するものであった。そのなかで、彼は次のように書き送っている。

……斯く再三之報告は接手するも、老生は、正義は最後の勝利者たるべきことを確信致候間、之が為め失望落胆致すものには無之候、乍去、若し今回の移民法案が、全然法律と相成り候はゞ、独り日米両国の関係に支障を生ずるのみならず、引いては世界の文明に影響する処多大なるべしと、深く憂慮致居……(55)。

しかし、議会での「移民法」の成立は、ほぼ確実となり、わずかに大統領の拒否権発動に期待を残すだけとなる。だが、渋沢は最後の最後まであきらめなかった。

「移民法」が議会で可決された五月一六日、ギューリック、ジョージ・ウィーカーシャム（George W.

Wickersham）など、ニューヨーク日米関係委員会のメンバー四名の連名による激励の電報が渋沢のもとに届いている。

当国の最も有力なる人々は正義と親善との為に活動しつゝあり、落胆するなかれ、仮令《たと》へ彼の悪むべき法案が法律となるとも、吾人は引続き相互了解の増進と差別待遇の撤廃との為に奮闘すべし、友人諸氏に伝達を乞ふ[56]。

これに答えて渋沢は「……小生ハ貴電ノ如ク決シテ落胆スルコトナク、今後共両国親善ノ為ニ益々努力スル」[57]決意であると返電している。

五月二二日付の渋沢の電報は、大統領が法案に署名する四日前にアメリカ国内の協力者に打電されたものであった。

吾等は最後の防御線に立ち居れども未だ全く望を棄つるを欲せず、此危機一髪の場合に際し、嫌悪すべき移民法案の法律となるを阻止する為最後の努力を懇願す、如此法律が両国の親善を阻害すべしとの深き憂慮に駆られ、煩累をも顧みず屡々尽力をこう次第なり[58]。

五月二六日、渋沢の努力も虚しく、ついに大統領の署名により、「移民法」が成立する。日本国内の反発はすさまじく、各地で抗議集会が開かれ、「挙国反米の叫び」のなか、街には「米国討つべし」といった類の情緒的なスローガンが声高に叫ばれたという(59)。

五月三一日にはアメリカ大使宛の遺書をもった男が「排日法を憤つて割腹自殺」する。

赤坂榎坂町一海軍大佐子爵井上勝純邸内庭先植込みの中に血まみれで打つ伏せになつている男のある(のを当家の女中が発見した)一見紳士風四十歳前後のもので……『米国民に訴ふ』及び『日本同胞国民に與ふ』といふ封筒に入れた三通の遺書があり……『自分は無名の一臣民である常に正義を標榜する米国民が排日移民法案を可決したのは憤慨にたへない』云々と長々と認めてあつた(60)

自殺者はアメリカ大使館と隣の井上子爵の庭をまちがえて、井上邸で自殺したものらしい、と新聞は推測している。「移民法」にかんしては、新聞雑誌もヒステリックに反発している。六月五日には、東京大阪朝日・毎日の両新聞以下、全国の大新聞一九紙は、次のような宣言を公表している。

米国に於ける排日移民法の成立は内容において人道に背き正義に反するのみでなく、又国際関係上太平洋を挟んで相隣接する日米両国の伝統的信誼を無視したる暴挙である、わが国民は隠忍自重するも決してこの様な差別的待遇に甘んずるものではない、吾人は世論の代表者としてこゝに、わが民族の強固なる決意を表示し併せて米国官民の反省を求むる旨を宣言する七月一日は「移民法」が実施された日であった。芝増上寺で行われた「対米国民大会」の様子を、新聞は次のように報じている。

午後に及んで益々聴衆加はり、さしもの広場も全く人を以て埋まり、照り付ける暑さにもひるむ色なく弁士も聴衆もいやが上にも気勢を上げたが、これほど熱の高い割合に非常に静粛だつた事は斯うした大会にはめづらしい程で、五時無事散会、会場で廿銭の国辱記念の国民章と無名国士の墓の絵はがきとが飛ぶやうに売れていた……(61)

無名国士とは前述の井上邸で抗議の自殺をした者のことであり、六月八日青山の斎場では彼のために「無名烈士弔祭会」が開かれている。会長は右翼の巨頭として知られる玄洋社を創設した頭山満であり、以下委員その他五百名、一般会衆は三万人に達したという(62)。「対米国民大会」演説の開会の辞を述べた黒龍会会長内田良平は、次のように挨拶している。

(ワシントン会議においてアメリカは)我が海軍を彼の十に対する六とした……処が其の当時に於きましては我が上下は世界の平和を熱望するの余り、忍ぶべからざる所の憤りを押へたのである。然るに米国は我が忍べば忍ぶ程に頭に乗つて今回も亦もや法律を拵へて日本を排斥するといふ大恥辱を加へたのである。茲に於て我が国民の憤りは火山の爆発するが如くに爆発したのである。しかも尚ほ我が国民は国際の道義を守り無名の国士の如きは割腹して米国に反省を促したのであります。（六月五日に開かれた対米国民大会は）八万余人さしもに広き世界第一と称されて居る多数の民衆を収容する所の国技館も其等の人々を容る丶ことが出来ないので十数町の間人波を打つた状況であつた。斯の如き多数の人々が集まられて気勢を挙げられて居る此の正義の叫びも偏見に囚はれて居る米人の耳には入らない今月今日愈々排日法律が実施せらる丶ことになつたのである。茲に於て吾々は将来如何に処すべきであろうか一大決心を促さなければならぬ。是が即ち今日対米記念国民大会を催した次第であります(63)。

これは内田らの国家主義者に一般の大衆が煽動されたというだけでなく、あらゆる階層に共通する日本人の大多数の憤りであったといっても言い過ぎではないかもしれない。金子堅太郎をはじめ、新渡戸稲造らの知米派知識人、財界人や政治家なども同様であった。「移民法」がある限り自分は二度とアメリカの土を踏まないと宣言した新渡戸をはじめ、抗議のために日米協会の会長を辞任した金子は、後年次のように回想している。

アメリカが移民法で日本人を排斥した時も、自分と提携してアメリカの主要人物を銀行倶楽部に御招きして、アジア人だからとて排斥するのは七十年前ペルリが来て開国を迫つた事と大に矛盾してゐる。のみならず自分の方の都合ばかり考へて、日本の国威を如何にするかといふので、種々折衝を重ね円満なる解決法を求めたのである。然るにアメリカはその抗議あるにも拘はらず、遂に帰化不能外国人の名によりて新移民法案を通過したのである。これ実に日米協約を無視したる専断の行為であつて、国際道徳上許すべからざるものであるから、自分はもはや之までなりと断念して即時に日米協会の会長を辞したのである(64)。

渋沢に慰留されても、金子の辞意は固かったという。

繰り返すが、当時の日本人は列強諸国への仲間入りを果たし、国家の威信というものに敏感になっていたという事情を考えると、人種差別的な「移民法」は屈辱であったことは理解できる。それでもなお、なぜここまで反発するのか、当時の日本人の心理は現代の感覚では理解しがたい。ただ、この屈辱感が「日米関係の破局をうながす一つの潜在的な心理的要因になった」(65)という指摘が、あながち大げさともいえないことだけはたしかである。多くの日本人の意識の底に反米感情が植えつけられ、対米世論は悪化したのである。

2 渋沢の憂慮

渋沢は「移民法」の成立により、アメリカから公然と人種差別を受けたと理解する有識者や若者に刻みこまれた屈辱感が、後の国際関係に重大な影響を及ぼすであろう、という恐れをもっていた。

「移民法」の成立から半年あまりたった一二月二五日、渋沢はアメリカの知友七〇余名に「移民法」

阻止への尽力に感謝する手紙を送っている。だが、ギューリック宛の手紙だけは異なった内容を含んでいた。

ここで渋沢は、「移民法」への日本国内の異様な興奮ぶりを伝えることは、誤解を避けるためにあえて他の人々にはしなかった。しかし、自分の見解をギューリックにだけは述べることにする。なぜなら「貴下に対して絶対的信用を置き、貴下が其運用を誤ることなきを信」じるからである、と前置きして次のように述べている。

……我国に於ける反動の如何に苦悩に充ち又如何に深かりしかは申上ぐるまでも無之、心痛に堪へざるもの之有、到底米国人の想像にだも及び難きものありと存候（ただし壮士、浮浪の徒、海軍大演習に反対して起こる政治屋などの運動は恐れていない）……小生の特に憂慮に堪へざるは我が邦の有識者間に鬱勃たる感情に有之候、此種の人々は軽々に其意見を公表致さず候得共、心中深く屈辱の感を抱き居ることは疑ふべからざる事実に有之候、彼等の沈黙は寧ろ其憤慨の一層深酷なるを示すものに有之候……(66)

渋沢によれば、問題は前述の「対米国民大会」などに見られる大騒ぎではなく、有識者や若者の間にある沈黙であった。彼らが、「移民法」に屈辱感を抱いているのは間違いない、だからよけい深刻なものを感じるのである。それは、最近の諸雑誌を飾っているアジア主義の高潮によく表れている、という。

自分はアジア主義を必ずしも排斥するものではないが、これが直接「移民法」の反動からきていることを心配している。日本では、政治問題への自由討議が比較的制限されているので、雑誌の影響力は他国の人々が想像する以上に強い。このような雑誌を講読する若者が、やがてやってくる普通選挙を利用して政治に参加する時、「国事上の勢力を及ぼす」であろう。

また、政界も世代交代の時期にあり、質実剛健な指導者が消え、有害な煽動者がこれに乗ずる恐れがある。このような日本の状況を踏まえて、ギューリックにはアメリカ国民の啓発につとめてもらいたい、と書き送っている。

たしかにギューリックがいうように、一九二四年「移民法」をめぐる問題は、日本が「これ以上の移民の受入れを要求していないことを米国民によく知らせること。米国民はこの点がまだよくわかっていない。それを明確にして日本人は、他国人と平等の待遇を要求」(67)すれば解決できる問題にすぎなかったのである。

これは基本的には単純な誤解であり、冷静になれば妥協点を見出せる問題であった。だが、排日派に引きずられた扇動的な世論とそれを利用する勢力によって、ヒステリックな日本人移民排斥が叫ばれ、冷静な議論が交わされる余地はなかった。

日本人移民排斥問題は、ことが単純なだけにかえって両国民の感情と感情がぶつかりあい、解決の糸口が容易に見出せなかった。そこには政治上・外交上の利害関係を越えた、冷静な議論を許さない根強い人種的偏見もあったのである。

3　「移民法」改正運動

渋沢も「移民法」の成立に深い憤りと虚脱感に襲われた一人だが、冷静さを取りもどすと、反米気分を抑えるための努力を開始する。そして、ギューリックを中心とする「移民法」改正運動を背後から支援する形で、日米関係改善運動を模索し始めるのである。

だが、渋沢は、「移民法」改正運動の前面に立つことはなかった。同法成立後の渋沢の行動は、ギューリック等の親日家の運動を支援しながら、アメリカ国内の世論を高めることであった。だが、なぜ彼は消極的ともいえる運動方針を取ったのであろうか。

その理由は、一九二四年一二月二五日付の書簡に詳しい。ここには「移民法」成立後の運動方針について、渋沢の考えがよく表れている。

……吾等は移民問題は未だ解決せられず、且つ之が正当に解決せられざる限り真に解決せられたりと称すべからずとの意見を保持するものに有之候得共、米国に於ける官辺の意見にては此問題は已に終結せるものと目され居候、

故に此際吾が国民の感情を緩和せんとの目的を以て何等か運動を開始せんとするは、貴国の間に猜疑と誤解とを生ぜしめ、且つ貴国は此を目して其内政に干渉せんとするものなりと解する處有之候、

吾国としても此問題のみならず其他の事件の為に腰を低ふして米国に哀願する如きは国家の体面上不可能に候、現行の法規を改正するが為には、仮令如何なる行為を必要とするにしても、先づ米国及米国民より運動を起されざるべからずと存候……(68)

移民問題が正当に解決されない限り真の解決はない。しかし、アメリカの公式の見解ではこの問題はすでに解決済みであった。日本国民の感情をやわらげる目的で何らかの運動を始めれば、アメリカ国民の猜疑と誤解を生み、これを内政干渉と受け取られる恐れもある。また、日本としても、腰を低くしてアメリカに哀願するようなことは、国家の体面上不可能である。したがって「移民法」改正のためには、まずアメリカ国民から運動を起こす必要がある。

このような理由から、渋沢は運動の前面に立つことを避けたのであった。これに対して、翌年の一月二二日付でギューリックは、渋沢に次のように答えている。

……御意見には、小生も至極御同感に御座候……米国民は事件の真相を解するに至らば、之を矯正するに吝かならずとは小生が過去十ケ年間信じ来れるところにして今日尚之を確信仕候……我等教会連合会議及び日米関係委員会は、満進して幾年かの後には必ず勝利を収め度候得共、現今の目標は来年(一九二六年)春移民法の改正を見んとするに有之候、只恐るゝは此時迄に国民を充分に教育し得るや否やに御座候……(69)

渋沢は改正運動を傍観していたわけでも、支援に消極的だったのでもなかった。むしろギューリックが渋沢の意向をくみながらアメリカ国内で改正運動を始めたのであった。しかし、渋沢の期待した改正運動は、カリフォルニア州を中心に排日派だけに止まらぬ大きな反発を生みだすのである。

4　改正運動の行き詰まり

カリフォルニア州を中心とする排日世論は、それを政治的に利用しようとする勢力にも焚きつけられ、感情的にわきあがった様相を呈していた。次章で詳しく見るように、このような時期にギューリックが運動を進めることは、かえって「移民法」の成立によって静まりかけていた排日世論を刺激する結果となった。

ギューリックの主張は、最終的には帰化に対する標準を引きあげ、人種にかかわらず資格のある者に市民権を与えることであった。しかし、今回の改正運動は、まず日本にクォータ制を適用することを目的としていた(70)。

当初ギューリックは、多くのアメリカ人が冷静さを取りもどしさえすれば、日本への誤解が解け、改正もスムーズに進むだろうと楽観していた(71)。前述の一九二五年一月二二日付の書簡では、一九二六年の春には改正を実現したいと述べていたが、二カ月後の三月一一日付書簡(72)では、「移民法」改正はほとんど絶望的であり、失敗するとわかっていながら運動を続けるべきか否かについて、渋沢の意見を求めている。

はやくもこの時点で、ギューリックは運動の行き詰まりを自覚していた。さらに六月、渡米中の姉崎正治に会見したギューリックは、「若し日米親善の実を挙げんとせば移民問題に論及するを止め、全く新局面を開くほかはない」(73)とも語っている。

六月一日駐米大使松平恒雄は、外務大臣幣原喜重郎へ「運動ハ極メテ危険ニシテ恰モ爆弾ニ火ヲツクル如キ観アリ」という米国政府高官の意見を紹介したうえで、次のように報告し、対応に苦慮している様子を伝えている。


……右宗教団体ノ運動ニ関シテハ当然排日家ノ反対モアリ又親日家ニ於テモ寧ロ目的貫徹上害アリト為ス者モ有之……本運動ニ対シテ日本官憲カ些カニテモ連絡アルカ如キ感想ヲ一般ニ与フルコトハ極メテ危険ナルカ…… (しかし) 故意ニ彼 (ギューリック) 等ヲ遠クルコトモ日本ノ友人ヲ失フノ結果トナル(74)

しかも、ギューリック自身「自己ノ運動ニ付多少不安」をもっているらしく、面会した日本の領事にも運動に対する意見を求め、着任後間もない松平にも「夫レト無ク」聞いてきた。そこで彼は、ギューリックの「不断ノ努力」に謝意を述べると同時に、次のように答えたという。

……日本政府側トシテハ該運動ニ触ルルコトハ極メテ危険（であるだけではなく）寧ロ反対派ニ口実ヲ与ヘ運動ヲ不成功ニ終ラシムル虞アリ……（このような事情を打ち明け）運動ハ同博士（ギューリック）等ノ「イニシアチーブ」ニ依リ行動スルコトヲ希望シ賛否ノ意見ヲ述フルコトヲ避ケテキタリ(75)

つまり、日本政府は、ギューリック等の運動を傍観する方針であった。

5　改正運動からの撤退

ギューリックへの批判は排日派だけでなく、サンフランシスコ米日関係委員会のメンバーからも起こっていた。

六月、アメリカを経由してロンドンの大使館に赴任する堀内謙介に、渋沢は米日関係委員会のメンバーに接触し、「移民法」改正についての情報を収集し意見交換することを託した。その報告によれば、当時サンフランシスコ米日関係委員会の中心人物であったアレキサンダーや商業会議所副会頭であったリンチは、およそ次のように述べたという。

ギューリックらニューヨーク方面の人間が改正運動を試みているため、かえって排日派のマクラッチー等を刺激している。そして、ギューリックは、自分の運動は直接に現行法の改正を目的とするものではないというが、その言説はしばしば矛盾するところがあり、加州人は疑惑を抱いている。しばらくギューリックが運動を見合わせることが、もっとも必要である(76)。

一九二七年はカリフォルニア州の知事、上院議員の改選期にあたっていた。ギューリックの行動は排日派の攻撃目標とされ、選挙運動に利用されていたのである。そして、カリフォルニア州の親日家も、このような状況に戸惑うなかで、ギューリックを追いこんでいった。

六月二二日、渋沢はギューリックの運動継続か否かの問いに答え、結果は見るべきものがなくても国内の極端派が直接行動にでて問題が悪化しないためにも、アメリカ国内の運動を続けるように要請している(77)。

しかし、七月にハワイで開かれた太平洋問題協議会の席上、排日派の巨頭ポール・シャーレンバーク(Paul Sharrenburg) は、ギューリック一派の「移民法改正運動行ハルル限リ労働者ハ飽迄之ニ対抗スヘキモ同法カ closed issue トシテ認メラルルニ於テハ将来在米日本人ニ対シ他国民同様ノ待遇ヲ与」(78)えることはやぶさかではないと発言する。

これを受けたサンフランシスコ米日関係委員会は、在留邦人の生活改善に向けての特別委員会の設置を決議するなど、独自の動きを見せる(79)。

九月二一日の日米関係委員会で、このような報告を聞いた渋沢は、ギューリックの運動を盛んにしていきたいが、効能薄く害が多いというありさまで「加州に於ける親日家連中の考えは、或は目下我等の取るべき方針ではあるまいか」(80)と発言し、改正運動の断念を表明している。

一〇月八日付の書簡(81)で渋沢は、ギューリックに、日米親善のために何ら建設的方法が発見できないことを嘆いている。そして翌日の一〇月九日付の書簡には、渋沢のギューリックへの同情と自身の無念さがよく表れている。

昨年排日移民法の通過によりて議会の為せる決議を訂正せんとの目的を以て貴国の世論を涵養すべき大事業を、自発的に御計画相成たる大なる勇気と犠牲的精神とに対しては、老生は感服の外御座なく候……米国人中には之れを下劣なる動機より出でたるものとなし、非難せるもの多数有之由に御座候得共、……老生は貴下に対し深厚なる同情を表すると共に、貴下の敢為なる御行動に対し多大の賞賛を捧げんとするものに候……他方面に於て斯る御行動に反するが如き向より出でたる主張をも尊重せざるべからず羽目に陥りしは、老生の頗る遺憾とする処にして老生の苦衷御推察被下度候……(82)。

これに対しギューリックは渋沢に、自分は穏健な教育運動（Campaign of Education）を継続しているが、排日派はこれを曲解していること、また、積極的な政治運動を行う計画はないので安心されたいと述べている(83)。

しかし翌一九二六年一月、サンフランシスコの武富敏彦総領事は次のような報告をしている。

排日派巨頭『マクラッチー』ヲ事実上ノ中心トスル当地 Joint Immigration Committee ハ目下『ギューリック』博士ヲ中心トスル東部ノ National Committee on American Japanese Relations ニ対抗スルヲ此レ事トスルモノノ如ク今日ノ所当地方ニ於ケル排日的『アジテーション』ハ要スルニ『マクラッチー』対『ギューリック』ノ論争トモ観察セラルル次第ナル……(84)

そして、先頃ギューリックが運動計画の協議のためカリフォルニア州に来ることを予定していたが、同州の親日家や教会連盟関係者との協議の結果「徒ラニ排日派ノ対抗運動ヲ誘発スルニ終ル」ことを憂慮し、また、選挙運動にも利用される恐れがあるので出張を見合わせるよう意見したという。

また、『ホノルル・スター・ブレテン』は、二月六日の論説で、次のように伝えている。

吾人ハ……(ギューリック)一派ノ排斥条項撤廃運動ハ賢明テナイト云フ意見ヲ述ヘタ此運動ハ議会ヲ動カス途ヲ知ツテ居ル加州ノ排日家ヲ刺激シ一種ノ復讐的行為ニ出テシムルニ過キサルモノノテアル(85)

こうして四面楚歌に陥ったギューリックは、「移民法」改正運動から身を引かざるを得なくなるのである。

第2章

人形交流誕生の背景・2

■在米日本人移民の視点から

1　日本人移民と一九二四年「移民法」

1　日本語新聞三誌の性格

ここでは在米日本人移民の視点から、「日本語新聞」に注目し、ギューリックらの「移民法」の改正運動（以下、「改正運動」とする）を再検討することで、人形計画という発想が日米親善を啓発するための教育運動の一環として、ギューリックから生まれるまでを明らかにする。

なぜ在米日本人移民なのかという理由を一言断っておくと、「日本語新聞」を主催する彼らは日米両政府・親日家、もちろん排日家からも距離を置いた傍観者的立場を強いられていたからだ。

排斥された当事者は在米日本人移民であり、彼らは「移民法」をめぐる動向には切実な興味を示しているが、改正運動により、治まりかけていた排日気運が再び燃えあがりそうになり、無条件にギューリックらの運動に与することもできなかった。しかし、政治的に無力な在米日本人移民の声をアメリカ政府が問題とするはずもなく、日本政府もアメリカの新聞には注意を払いながら、在米日本人移民発行の「日本語新聞」にはほとんど関心をもっていない(1)。先行研究が指摘するように「日本の新聞は『国家の体面』という枠組み」から一九二四年「移民法」をとらえ、国民の「興奮を煽りたてていた」のに対し、日本人移民は「存在そのものを脅かす大問題」でありながら、「極めて冷静な議論を展開」している(2)。

そこで在米日本人移民発行の「日本語新聞」、特に『日米新聞』に注目し、当事者でありながら第三者的な立場を強いられ、冷めた目で一連の経過をながめていた在米日本人移民の視点から人形交流の誕生の背景をさぐっていきたい。

ここで取りあげる「日本語新聞」は、サンフランシスコ発行の『日米新聞』『新世界』とロスアンゼルスの『羅府新報』である。これらの三紙は当時有力な新聞だが、そのうち最大の発行部数と通信網をもつ『日米新聞』を中心にして、随時他紙を参照にする。

その理由は、『日米新聞』の性格と土地柄である。サンフランシスコは日本からの入港地であり乗客名簿の掲載等、情報入手のために全米から読者を抱えていた。古くから日系人の文化センターであり、日本人社会の問題を広い視野から論じる政治的な傾向があった。一方、ロスアンゼルスは、当時新興の商業都市であり周辺の農業地帯が増えるにしたがって『羅府新報』が部数を伸ばしたという事情から、同紙はより実利的なニュースが求められ、報道的要素が強いかわりに明確な主張を読み取りにくいきらいがある(3)。

しかも『日米新聞』は、ギューリック、渋沢関係の記事が他紙よりも多く、改正運動や人形交流にも深い関心を示している。それは同紙の創業者、安孫子久太郎によるところが多いと思われる。

2 『日米新聞』創業者、安孫子久太郎

安孫子は、西部の日本人コミュニティの指導的存在であり、在米日本人移民の利益という立場から、時には日本政府への批判も行う人物であった(4)。また、日米両国民の相互理解を深めることで排日問題は解決できるという信念をもち、二世の見学団の派遣(「日系学生見学団」)等の事業にも取りくむなど、彼自身文化交流への関心も深い。

そして、日本の有力者のなかで日本人移民の声に耳を傾けた数少ない人物が渋沢栄一であった。たとえば、安孫子も有力なメンバーであった「在米日本人会」の設立時には、率先して寄付を行い、財界にも呼びかけ(5)、同会と日本政府への橋渡し役をも担っていた。

一九二四年三月、日本人会会長の牛島謹爾は、「移民法」の成立前に若者を一時帰国させ嫁探しをさせたいが、一カ月以上滞在すると徴兵の対象となる。そこで、ここ二カ月間に帰国する青年に限り特別に六〇日の滞在を許可するよう、陸軍省へ働きかけることを渋沢に依頼する(6)。

渋沢の秘書が外務省に問いあわせたところ、一応働きかけてみるが管轄外のことなので「別に子爵

（渋沢）より陸軍大臣又は次官に交渉せられたい」(7)という返事であった。それがどの程度効果があったかわからないが、まもなく「徴兵事務条例施行細則」は、彼らの意向にそった形で改正されている。

他にも「移民法」の成立により生活が窮迫した在米邦人の農業者の救済のために、横浜正金銀行と住友銀行の資金貸出が渋沢の援助で実現する(8)など、日本人移民にとって渋沢の存在は大きかった。

さらに安孫子と渋沢の関係が深まるのは、サンフランシスコ在留邦人母国観光団や前述の「日系学生見学団」への協力、また在サンフランシスコの牧師田島準一郎との会見記事の連載(9)などを通してであろう。また、安孫子の妻よな子（女子英学塾〈現在の津田塾大学〉の創立者津田梅子の妹）も、見学団の引率や女子英学塾の羅災復興資金の募集の援助等のことで、渋沢との接点があった(10)。安孫子にとって渋沢はもっとも親しみがあり、かつ頼りになる日本の有力者ではなかったのだろうか。ギューリックらの改正運動に対する『日米新聞』の好意的な論調も、以上のことが理由の一つかもしれない。

3　排日世論と人種的偏見

前章でもふれたように、「移民法」の成立は日本国民に屈辱感をあたえ、異常なまでの反発を呼び起こしたが、在米日本人移民にとってもそれは同じであった。『日米新聞』の言葉を借りれば、次のようになる。

国際的に占めている地位が無視され、伝統的親善の精神に全く相反する待遇を国民的に受ける事になつたのであるから、国家の名誉の為めにも国民の利益のためにも断じて之を甘受し得べきでない(11)。

一方アメリカ側でも、移民問題を解決するために「帰化不能外国人」の条項がどうしても必要だったわけではない。すでに一九一七（大正六）年の「移民法」で日本人以外のアジア系人種は締めだされていた。しかも、日本を移民割当国にしたところで、年間の移民数はたかだか一五〇人程度であった。つまり、「帰化不能外国人」の条項は日本を刺激するだけであり、実益はほとんどなかったのである。

これについて『日米新聞』は次のように分析している。

無論一般の米国民は、あの法律（移民法）が穏当であるとは考へて居ない。理屈から言へば純然たる国内問題を国内問題として自由に処理したのであるから、外より干渉を受くべきではないと信じては居るけれど、あゝいふ立法が何でもかでも必要で、あゝしなければ国家が立ち行かないといふ訳でなく、一年に百五十人や二百人の日本移民の来ると来ないとは全く問題でない。のみならず、あゝいふ峻烈な立法で日本国民の感情をあれ程傷けたことは結局国策の上から得策であつたや否やも疑問だとかんがへられて居る(12)。

だが、「移民法」を成立させていたのは、西部を中心とする排日世論であった。当時のサンフランシスコはまだ社会組織が確立せず、異常な勢いで人口が増加し、外国生まれの住民の比率が高く、なかでも長くアメリカ社会で差別されたアイリッシュが力をもっていた(13)。

かつて排斥されていた「少数民族は、その後からくる少数民族をいじめることにより自らを安定した多数民族のなかに組み入れようとする」(14)。彼らが中心となり幻想的な「敵意」や「脅威」が、人種や文化の異なる他民族に投影され、白人間の団結を作りだす。そのスケープゴートが中国人であり、日本人であった。

4 日本人移民の本音

中国人や日本人などへの差別的な法律が、初めに州レベルで生まれる時は、人種差別的な市民のアジテーターの宣伝から始まる。これがハースト系新聞のようなセンセーショナリズムを売りものにしたマスコミによって増幅され、州政府への立法を求める基盤を作る(15)。

「経済上の競争、日本の膨張的傾向、人種的偏見、そして排日論者の巧みなプロパガンダーが複雑に絡み合いアメリカ世論に働きかけ」「日本人移民に対する嫌悪感や恐怖心を煽ることで選挙での得票を増大するというメカニズムを政治家たちが発見」(16)することで、問題はより複雑化した。つまり、世論の存在が大きくなり、もはや外交上の問題が政府間の関係だけでは処理しきれない時代にさしかかっていたのである。

只問題は加州其の他西部諸州民の世論で……之れを何とか処理せねばならぬ破目に陥つていた。それでも一気呵成的に国内立法を以て絶対排斥を断行せねばならぬ程切迫していたのでは無かつたけれども、時の勢ひといふものは奈何ともするを得ず……国民の大多数から見れば不本意な立法になつたのである。不本意といふても全然意志に反したといふのではなく、単に時期と程度との点で、本意でない結果となつたのである。但し遣つてしまつた事だから、すぐ後から改廃も出来まいと斯うもかんがえている模様である(17)。

煽動的な「世論」に押され、時の勢いであれよあれよという間に「移民法」が成立したのであろう。したがって、アメリカ国民が冷静さを取りもどしさえすれば簡単に解決できる程度の問題であると、ギューリックが考えるのも無理のないことであった。

ただし、それは「国民の大多数から見れば不本意な立法」だが、アメリカ国民の「全然意志に反したというのではな」い、という『日米新聞』の指摘は重要である。

議会では不測の事態はたしかにあったが、排日問題の根本的な理由はアメリカ人の人種的偏見である。日本では「移民法」を「議会が国民の世論を無視して制定した」と誤解している向きが多いが、それは「単に形式の点だけで、精神に於て主義主張に於ては、国民の世論と一致」(18)している、と同紙はクギをさすのである。

たしかに一見東部の人々は、比較的な公平な見解をもっているように見えるし、個人としては日本人に好感を抱くアメリカ人も多い。だが、彼らは実際に数百人の日本人移民が入国することに実感がないだけの話である。

「個人としては日本人に好感を抱く米人でも、幻影的日禍には心を動かされる」のであり、排日家が「一斉に起つて在留日本人を先駆とし、将来数百万の同胞（日本人）が米国に移住の恐れありと絶叫する時」(19)は、彼らも同じように動揺するのだという。

もはやこれは、従来の政府間外交では処理しきれない問題であった。日本政府ができることは、外交交渉の場で、「日本国家の体面論」と「親善のため」に排日条項を作らないよう抗議することだけであった。だが、その元凶が人種的偏見にあるのであれば問題の解決は困難である(20)。「敢えて無能」というわけではないが、「日本政府は恃に足ら」(21)ないというのが日本人移民の本音であった。

5　反米運動への困惑

一九二四年五月二六日大統領の署名により、ついに「移民法」が法律となる。先に見たように、これが日本人に与えた衝撃の大きさは、おそらく今日の我々の想像を越えたものであろう。しかし、『日米新聞』は、国内の動きを冷めた目で見ていた。日本国内のヒステリックな反米集会は、日本人移民の実情を無視した有難迷惑な運動であり、かえってアメリカ国内での彼らの生活を脅かすというのである。

排日移民法通過から、最も苦しき立場に陥つたのは、日本の排米運動者でもないし、又米国の排日家でもなく、在米同胞である。米国の差別的待遇に憤慨するは、自負心の強い日本人としては尤もであろう。けれども其対抗策としての示威運動（などは）……却て時局を悪化するのみである。……実際の効果を無視しての軽挙妄動は、我等に言はしむれば有難迷惑でなくて何であろう(22)。

なぜならそれは、次のような理由からであった。

……日本の排米運動者等は問題の中心に立つ在米同胞の実情を知つているではなし、同情があるのでも無いらしい。単に我れ等の所謂体面論を振翳して騒いでいるのみである。従つて実効のあるや否やは問題ではない。十数万在米同胞の為を思ふならば寧ろ騒がぬがよい。隠忍自重して我れ等の発展に援助を与ふべしである。……故国の無謀なる排米運動の如きは却て我れ等の平安なる生活の脅威を与ふるのみである……(23)

ここには不当な差別的な扱いを受けながら、それでもアメリカで暮らさざるをえない日本人移民の苦悩の様子が表れている。彼らは日本国内の排米運動が自分たちへの同情ではなく、ただ単に日本の国家的体面のみを問題としていることに憤り、困惑するばかりであった。

彼らは日本国内の人々が、「移民法」への抗議行動に走る心情は理解できても、決して与することはできなかったのである。

2　日本人移民から見た「移民法」改正運動

1　改正運動への期待と不安

「移民法」が成立した翌年の一月頃から、ギューリックは日本を移民の割当国に加えることを目的とした改正運動に着手するが、一九二五年四月二四日の『日米新聞』は彼らの運動を大いに歓迎し、「移民法」ばかりか、帰化法の改正にまで期待をよせている。

前検事総長ウイツカシヤム氏を委員長とし、ギユリツク博士を専務理事とする日米関係委員会は……世論を喚起して次議会に現行移民法の修正を企て、日米関係の改善を図らんとしている模様である。（これは当を得た計画だが）移民法の修正だけを目標に（するのは）規模が少し小さ過ぎるやうな感（がある）……帰化法改正となれば問題は頗る大きくなつて、中々急には貫徹出来まい。けれども矢張り之も委員会の努力次第であろう(24)。

ただし、聖職者のギューリックや東部の親日的な有力者が運動の中心にいることに不安もあったらしく、次のような指摘をしている。

……問題の淵叢地は西部米国であり、主として加州であるが故に、加州のセンチメントを何とか緩和し改善するに非ざれば、総ての此種の運動は失敗するであらう。……概して言へば大多数の米国人は日本人問題に就いては白紙である。どうなつても構わないのである。独り西部は白紙ではない。(特に加州は)濃厚な色彩を帯びているのだから……まず(これを)洗ひ去るのでなければ何も出来ぬ(25)。

これは、まことに的を射た指摘であった。そして、いざ運動が本格化すると、彼らの抱いた不安は現実のものとなっていく。

(改正運動は全国的に進捗しつつある模様だが太平洋沿岸では甚だ心許なく感じられる。)殊に考へなければならぬ事は、排日派の論客中には献身的な人々が多いけれど、所謂親日派と目せらるゝ米人の多くはそうで無く、熱心の程度に於て比較にならない……其強烈さは到底東部紳士政治家の及ぶ処で(ない。そうだとすると)日本人問題が又蒸し返されて議論され、激しい論戦を見るだけで、修正案は到底成立しないであろう……結局大勢を悪くすることはなつても善くはしない(26)。

そもそも、東部と西部人では、日本人に対する意識に根本的な違いがある。東部の人々は、日本人の怒りを静めるために日本を移民割当国にすればよいぐらいに考えているかもしれないが、熱のない人々が何人寄っても結束力は弱く議会を動かせるわけがない。問題は太平洋沿岸諸州である。この地域の「排日論客の……コンヴイクシヨンは容易なことで動かせるものではない」(27)と『日米新聞』は力説する。

2　排日運動の再燃——ギューリックへの批判

九月から一〇月にかけて排日派の巻き返しはピークをむかえる。改正運動は、翌年に予定される選挙に利用するための恰好の餌食であった。

(改正運動にリンチ、マクラッチーの対抗運動ののろしがあがった)次の議会は今年一二月でなければ開かれない。……纒まつた運動は此秋にならなければ始まるまい。(ただあらかじめ)希望して置きたいことは、不当なる冤罪を日本政府及び日本国民に被せないことである。……今回の運動は、進めば進む程対抗運動の火の手があがつて、議論紛糾するのみならず、あらぬ疑惑をかけられて、不純なもの丶やうに誤解せられ、結局議論倒れになりはせぬかと憂へられる点が多い。そして其の最も重なる理由は加州方面を最初から閑却したことである(28)。

それは改正運動が、「専ら東部の世論喚起に集中されている傾向」が続いたことが原因の一つであった。「太平洋沿岸に及ぼす影響は殆ど皆無という」より、かえって西部の排日論者の結束を固めてしまったのである、と『日米新聞』は指摘する(29)。
外務省の記録もこれを裏付けており、改正運動への懸念は、日本人移民だけでなく当初から親日的なアメリカ人や政府高官などの間にもあったようである。たとえば、一九二五年五月六日在シアトルの大橋忠一領事から幣原喜重郎外務大臣宛の通信は、改正運動に反発する当地の新聞記事とともに、アメリカ人親日家の次のような意見が述べられている。

(移民法通過後ようやく日本人に対する感情が緩和しており)排日新聞モ安政治家モ排日問題ノ最早人心ヲソソルニ足ラサルヲ観取シ眼ヲ他ニ転セントシツツアル矢先右様ノ記事表ハルルハ極メテ好マシカラス……西部諸州排日家及彼等ニ従フ群集ニ取リテハ移民法ノ修正ハ一大脅威ニシテ右修正運動ノ進展スルニ従ツテ必スヤ猛烈ナル反対運動ヲ開始(するだろう。これは逆効果であり)徒ラニ排日家ニ喧騒ノ題材ヲ供スルニ止リ何等益ナシ(30)

そして前章でふれたように、アメリカ政府高官もギューリックらの運動は、爆弾に火をつけるようなものだと断言している。改正運動のとばっちりを受け日本人に火の粉がかからぬよう、『日米新聞』が予防線をはるのも、ある意味では当然の状況があったのである。
あわててギューリックは運動の矛先を加州に向けるが、時すでに遅かった。

（排日派はギューリックが）加州の教会関係者に対して運動を集注した事を重大視し、近く猛烈なる対抗運動を起し、教会連盟の加州内に運動した跡を片つ端から転覆するため最も組織的宣伝運動をなすべく決定した……(31)

カリフォルニア州ではマクラッチーを中心に、激しいギューリック批判が行われていた。これから三カ月程たった、翌一九二六（大正一五）年一月の時点でも、前述のサンフランシスコ総領事武富敏彦の報告からもわかるように、批判は続いていた(32)。

改正運動は、時期早尚であり、まずカリフォルニア州の一般人の根強い偏見を緩和することから始めるべきであった。しかも、東部から運動を開始した彼の戦略上の失敗と、「一本槍で前後左右を顧みない」(33)性格が、排日運動を再燃させ状況を悪化させたのである。

『日米新聞』の好意的な論調に対して、『新世界』はギューリックの運動をはっきり有難迷惑といい切っている。

（修正運動が日本人に対する）憐憫同情の念からやつて居ると言ふならば、我々は斯る運動は止めて貰ひたいのである、米国民が若し此移民法を以て正義とし、日本に対しても不法で非理でも無いと確信するならば、未来永久でも存続して置くが善い。……我日本官民の態度は明々白々だ、決して百四五十人の人間を米国へ入れて欲しいなぞと言はない。ウイツカーシヤム氏やギユリツク博士に運動して貰はうなんて言ふ、そんなケチ臭い根性は持たない、然るに何ぞや、日本から頼んででもやらして居るやうに、他を見下げるにも程があつた者だ、……（これは）米国民が米国に正義をなさしめんとする運動（であり）我々の方から言ふと有難迷惑である。……我国民は此移民法に飽迄不満足である、そして米国民の自ら反省する日を待つて居るが、修正運動なんぞには……関係ない事を了解されたい者《ママ》である(34)。

さらに翌日は、ギューリックの政治的センスのなさと認識不足を攻撃する。

此法律は論じに論じ、騒ぎに騒いで、漸く決定したものであつて、夫を一年や二年たゝぬ内に修正すると言ふ事は、如何にも軽率の嘲りを招くものである……排日の専門の政治家はあれで飯を食つて居るのだから、我々の方で放棄して置かるゝ事が彼等に対しては一番困る事である……移民法修正運動なんて言ふ事は、我々の方で爪の垢ほどもしてはならぬ……勝手にしなさいで沢山である……我々の方では御機嫌を取らんでも頭を下げたん《ママ》でも善い事だ……我々日本人側で運動すると、排日常習者は喜び、ソラ又飯の種が出来た、政治運動の種が生じたと喜び、忽ち反対大運動なんぞと騒ぎ立てる。我々日本人はそんな事につき込まれて排日政治家の選挙運動の材料を造つてやつたり、飯の種を作つてやつたりするやうの愚策は真つ平御免である……(35)。

3　ギューリックの苦悩——渋沢と支援者の間で

ただしギューリックは、このような結末をある程度予想していたふしがある。運動に実際に取りかかる前の三月一一日に、渋沢に次のような書簡を送り意見を求めている。

……吾等は日米両国間に正当なる国際関係を回復せん事を希望せるものには候得共、前途甚だ困難なるを思はしめ候、結極失敗に帰するにも不拘、吾等は法律の改正の為に努力すべきや、或は全然放棄致すべく候哉、閣下の御意見を御伺申上度と存候、吾等の中には事態殆ど絶望にして失敗は明なれば、法律の改正を企画する事すら誤りなりと感じ居るもの有之次第に御座候(36)

ギューリックは、「移民法」の改正は難しく、失敗することを承知のうえで改正運動に取りかかるべきか否かを渋沢に問いかけている。その二カ月前は意気軒昂に来春の改正を目標においていた彼が、はやくも「移民法」改正は絶望的であることを感じ取っていた。それでもあえてギューリックが、運動を開始したのはなぜなのだろうか。

その理由の一つが、渋沢からの要請であった。

先の書簡から一カ月たった四月一一日、病気療養中の渋沢は、書面でギューリックの問いあわせの可否を日米関係委員会の数名（添田寿一・阪谷芳郎・堀越善重郎）と協議している。

堀越は当分沈黙を守るほうがアメリカの識者の同情を買うという理由で改正運動には反対、添田・阪谷は成否はとにかく最善を尽くすべきだという意見であった(37)。渋沢はためらったらしく、結局二カ月以上たった六月二二日付で添田・阪谷の意見に添った返事をギューリックに送っている。それは米国内で「移民法」改正運動が何も起こらないことで、国内の「極端派が本問題解決の為直接行動に出でんなどと称して問題を悪化」(38)させないために賛成という理由であった。

周囲からの反発や批判もあり、この頃が、改正運動をやめるか否かの最終的な判断を下す時期であった。この書簡がギューリックの引き際を誤らせ、排日熱に再び火をつけ事態を悪化させた可能性は十分にある。

ただし、運動に取りかからざるをえなかった理由の一つに、ギューリックを支えるプロテスタントの超教派団体である米国キリスト教教会連盟（Federal Council of Churches of Christ in America）の一部の人々のもつ、純粋な正義感を無視できなかったこともあったと考えられる。

松平恒雄は沢田参事官が元慶応大学教授のトーマス・ジョーンズ（Thomas Jones）から聞いた話として、次のようなことを伝えている。

キリスト教教会連盟の幹部会では「移民法」は正義に反するが、今改正運動を起こせば猛烈な反対運動が起こるのは明らかなので教育的なキャンペーンに転換しようという意見が主力となった。しかし、少数のものは「之ヲ以テ軟弱ナリシト」として、いやしくも「宗教家トシテ不正ト認タル以上」成否を考え行動するのは政治家的態度であり、宗教家としてはこのような「微温的態度ヲ執ルヘキニアラス」として強硬に反対したために、特別委員会で再び検討することになった(39)。

以上の点から見てギューリックは、渋沢や教会連盟の声におされて成算がないことを知りながら運動に取りかからざるをえなかったのではないかと推測される。西部への働きかけを重視せよという「日本語新聞」の批判は承知しながら、初めからカリフォルニア州に働きかけなかったのはおそらくそのためであろう。

足元の東部を固め、その世論を盛りあげることにより、それがあわよくば全米に広がり何らかの成果があがるかもしれない。これがギューリックの取ることのできた唯一の道ではなかったのだろうか。

4 改正運動の終末

一〇月九日付で、渋沢はギューリックに改正運動を戒める書簡を送り、事実上彼らは政治的運動を断念する(40)。その二日後『日米新聞』は、ギューリックの運動に理解を示しながら、次のような総括的社説を発表している。

(最近)教会連盟の移民法修正運動に対する反抗運動は、議会の開期が近づくにつれて熾烈となって来た……(すでに本紙はこの運動には)満腔の感謝を払うものであるが、今日は其時期ではないことを説いた……排日運動が更に鋒芒を鋭くして却て情勢を悪化せしむるのではないかといふことを憂へたのである……(いまや)一度沈静せんとしていた病的・感情的排日煽動が復活せんとしている……若しこの情勢が押し進めば、又もや事実に即せざる憶測と独断と誹謗とが在留日本人の上に加へられるやうにならぬとも限らない。これは教会連盟の運動が、その精神において崇高なるものであり、敢て他意なきに拘らず、その時機を得なかつた為ではあるまいかと思はれる、吾れ等は敢て、排日運動を怖るゝものではないが、総ての運動には時機を考慮するを必要条件とする……(カリフォルニア州の)一般民衆の心理状態を平静に復せしめ、理智的方面から啓発するのは先決問題ではあるまいか(41)。

再燃した排日運動はギューリック批判を繰り返すことで団結を保っていたが、「移民法」という目的が達成された以上、沈静化するのも時間の問題であった。

翌年一月一八日の『日米新聞』は「米国人の心、好転の徴」として、それをよく伝えている。最近、大学生の人種偏見撲滅国際同盟やその他宗教関係者の交流、日系移民への奨学金の計画など相次いで発表されるが、親日家が日本人との友好事業を表明しても表立った反発は起こらない。

あわてず、あせらず……人心の更に好転する時を暫く待つのが得策である。……法律の励行されている間は飽くまでも合法的に行動し、敢えて反感を挑発せざらんことを期し、不便ながらも、裸から仕上げるという覚悟で時期の来るのを待つべきである(42)。

その三日前の一月一五日、ロスアンゼルスの大橋総領事は幣原外務大臣に次のような内容の報告をしている。

排日的攻撃を繰り広げていた「ハースト」系新聞の態度が最近緩やかになったことに興味をもち、ロス滞在中の「ウイリヤム・ランドルフ・ハースト」に会見を申し込んだところ、意外にも彼は快諾し、会見中も日本人移民に同情的な態度を取り、大橋にも友好的であった。これに対して、ハーストを単に排日主義者と見るのは表面的な判断であり、さしあたり世間が関心を寄せる問題を「看破シ之ヲ誇大ニ報道論議」することが「ハースト」系新聞の政策である。もはや排日では売れなくなると見て方向を変えたにすぎない。「右ハ小生カ昨年『ハースト』系新聞ノ一重鎮ヨリ聴得タル告白也（若杉）」という欄外記入がある(43)。

以前のような排日キャンペーンではハースト系新聞は販売部数が伸びない状態にあり、改正運動という新たな刺激さえなければ、ヒステリックな反発は起こらなかったのであろう。

5 「移民法」成立後の日本人移民――自力での同化

『日米新聞』は「移民法」が通過しても「大多数は加州から動かぬであろうし、又、動けないであろう」と考えていた。それは彼らには、帰国後の展望が何もないからである。

アメリカに生まれた子供は市民権を獲得することができ、「（二世）生長の後は米国市民として完全なる権利義務を有する」。しかも「比較的好良な周囲の自然と人事との間に生長し、教育は十分に受け得られるからして、其将来は甚だ有望である」。人種差別は多少あるが、親が差別に耐え、犠牲になっても第二世の「将来に望みをかけて辛抱する」方が帰国するよりましである(44)。

そこで指導的な日系人団体が取った路線が、「生活の改善」と「二世への教育」により、白人社会に同化することで日本人の優秀性を示すことであった。

しかし、彼らの声は、どこからも真摯に受けとめられることはなかった。自ずと彼らは誰にもたよらず、自力でアメリカ社会に同化する道を求めるのである。

……米人が真に我等を一等国民として尊敬し、我等の人格識見を認識して、隣人として住まつて、その子女が日本人の子女と交友することを安心して許すやうになる（ためには）無言の内に我力を示さねばならぬ、換言すれば、我等の人格識見、我等の生活が、彼等と同等以上であらねばならぬ……そして日本人を一番諒解せる米人は、何といつても加州人である。……排日の退治も、日米両国民の了解も加州で先鞭をつけねばならぬ。加州の排日に抗争するのに、東部の米人に依頼したる日本の識者は根本的に間違つて居た。我等日本人は、も早排日征伐に、故国の政府等に依頼すべきではない、同胞各自が、加州米人と組打ちしてグン〳〵押して行く覚悟を要する(45)。

ただし、これは短時間ではできないから、「気長に焦らず、騒がず加州一般と調和する」よう国民レベルで融和を図ること。そしていつしか「加州民の日本人に対するセンチメントを改善」し、人種的偏見を取り除き、日本人へのイメージを好転することを目標としていた(46)。

日本人移民によれば、今必要なのは、直接的な政治運動ではなく、日常生活のなかで加州の人々と日本人が互いの信頼関係を築くことであった。

それはギューリックも同じであった。西部の排日熱の根深さはギューリックの予想を越えており、逆に排日世論を活性化させてしまう。そこで改めて彼は、日本人移民排斥問題の元凶は文化的な偏見であることを思い知らされるのである。そして、日本人移民排斥問題の元凶にある人種的な偏見を取り除く運動に活路を求めることになる(47)。

第3章 日米人形交流

■「友情人形」から「答礼人形」まで

1 人形計画（Doll Project）――日米親善を啓発する運動

1 人形計画の理念――政治運動から教育運動へ

一九二六（大正一五）年二月四日、後述するように、ギューリックは駐米大使松平恒雄を訪ね、日本政府に人形の輸入関税免除を求めている(1)。この日が人形計画の第一歩であったと考えられるが、「友情人形」がアメリカから日本に送られてくるには、「世界国際児童親善会」（Committee on World Friendship Among Children）が大きな役割を果たしている。

同会は、「アメリカキリスト教教会連盟」（Federal Council of the Churches of Christ in America）などを中心に国際正義と親睦委員会（Commission on International Justice and Goodwill）によって設立された団体

で、運営には表面上多くの人間が関係しているが、実質的な指導者はギューリックである。その目的は、「次の世代の子供たちに、お互いの文化的理解と好意の確固とした基盤を打ち立てることで、未来の世界平和を達成すること」(2)であった。その最初の事業が、日本へ「友情人形」を贈ることであった。

前章で見たように、渋沢の期待したギューリック等の改正運動は失敗に終わる。一九二七(昭和二)年三月の時点で、移民問題に対する渋沢の認識は、「……私たちの希望は達せられず、今日の処まで総ての運動は徒労に終わった形になつて居ります」(3)という言葉によく表れている。

改正運動は「議会や議員に対して対策を廻らすべき計画」ではなく、世論へ向けた「教育運動」である(4)、とギューリックはいっていたが、その世論に「移民法」改正を直接訴えたことが失敗であった。一九二五(大正一四)年一一月二五日松平駐米大使は外務大臣幣原喜重郎に、キリスト教教会連盟の方針が転換したことをこのように報告している。

……(同会は)政治運動ヲ試ミルモ成功頗ル疑ハシト認メタルニ付此際斯カル政治的行動ヲ執ルコトハ全然之ヲ中止シ差当リ各方面ニ亘リ日米親善増進ヲ目的トスル啓発運動ヲ行フコトニ決シ(た)……(5)

おそらく「親善増進ヲ目的トスル啓発運動」が、人形交流となるのであろう。アメリカ経由でロンドン大使館に赴任する堀内謙介に対して、ギューリックは次のように述べている。

日米両国民の感情を良好に導く為には、日本の識者が依然として米国民の友情と公明なる精神に信頼し居ることを米国民に理解せしめ（移民法が誤っていることを自覚させる必要がある）……日米感情善導の一つの方法として自分は雛祭に贈物という考案（Doll Project）を有す、これは……只米国の少年少女が日本の少年少女に友情を表示する為め人形を贈るという趣向なり……(6)

そして、その目的は「日本の少年少女達を歓ばさんとするに非ず、第二の米国国民の幼き心に日本人に対する美はしき真の友情」を芽生えさせることであった。

一九二六年四月一五日付の書簡でギューリックは、次のような計画を渋沢に語っている。

（改正運動は排日派の反対運動を誘発する機会を与えるだけだが）斯く申し候とも、吾等の教育運動を廃さんと申す意味にては御座なく候、……日米両国の親善を増進せんが為め、価値ある企なりと考へらるゝ件……右は「人形政策」とも可申ものに候……小生の想像する処にては、日本人の過激論者中には此計画に反対し、その精神と目的とを誤解する人々も可有之かと存じ候得共……（これに）参加する米国人は、何れも日本人に対しは好感を抱くものなるべきは疑はざる処に候、而して此企画は遂には移民法の改正をも促すべき機運を、米国人の心に醸成するに可至と存じ居候(7)

ギューリックは、「移民法」にふれることなく、アメリカ国民、特に子供が日本文化への理解を深めることで、対日感情をやわらげる運動に方針を変更するのである。

日米関係の改善を未来の子供たちに託すという発想は一見ロマンチックに見えるが、見方を変えると、大人に対する絶望のような思いを感じさせる。たしかにここには「移民法」改正運動に敗れたギューリックの挫折があった。彼は、子供の頃から他国の文化にふれ、理解を深めることで、文化的偏見から生まれる摩擦は予防される、と考えた。世界国際児童親善会の報告書 *Dolls of Friendship* の序文 'The Purpose of the Project' のなかで、「教育以外に世界平和が永遠にもたらされる道はない」ことは衆目の一致するところであるとして、次のように述べている。

世界の友好を実現するには、世界の国々の子供たちが、お互いをもっとよく知りあう必要がある。子供たちは本来友好的であり、お互いの行動や言葉に心を惹かれるものだ。しかし不幸にもこの自然なありようも、成長とともに、しばしば変化しがちである。一つの理由は、周囲の大人たちにより浸みこまされた偏見であり、また、子供たちが持っている友情の心を表す機会を与えないこと、つまり、人種や国の異なる子供たちと触れ合う機会にめぐまれないためだ。

書物や映画、ラジオ、授業などを通して、子供たちの興味を呼び覚ます方法もあるが、離れた子供たちに直接友情のメッセージを形にして送る方法がある。それは、日本の美しい生活文化である雛祭り

（Festival of Dolls）へ「友情人形」（doll friendship）を送ることであった。そして人形交流への参加をアメリカの学校に呼びかけるパンフレットには、「移民法」にまったくふれることなく「日本人の美質につきてのみ教」えることにする、と渋沢に書き送っている(8)。

しかし、なぜ人形だったのか。アメリカ人にとって人形は、基本的にはショー・ウィンドーを飾る「マネキン」か子供の「おもちゃ」である。だが、日本の人形はその範疇にはとどまらない、多面的な役割を担っている。

たとえば、日本には古くから、多種多様の人形が存在する。そこには、祓いに用いられた「ヒトガタ」や「カタシロ」など、人形の原点が常にひそんでいる。毎年、各地の寺社などで催される「人形供養」では、不用になった人形をどうしても捨てきれず、持ち寄る人々の姿をよく目にする。まるで魂が宿ったもののように人形を慈しむ日本人の姿は、外国の人々の目には時として不思議に映るという。

ギューリックは、日本人形が単なる玩具でないことを知っていたのであろう。約二〇年間日本に滞在し、日本語も達者で、日本の文化も深く理解していた彼の頭に浮かんだのが、日本の雛祭りであった。現在は七段飾一五人揃のように、決まった人形類が整然と並んでいる雛飾りのイメージが強いが、これは大正の終わりから昭和に入ってからのことで、ギューリックが日本にいた頃目にした雛飾りは内裏雛を中心に各自が思い思いの人形を持ち寄る自由な飾り方、まるで子供を中心とする「人形祭」（Festival of Dolls）のような飾り方が一般的であった。

さまざまな人形を寄せ集めて飾る雛祭りには、日米間の文化の違いが凝縮されている。ここには両国間で文化的意義が違う日本の人形文化があり、しかもその主役が子供であることにギューリックは着目し、異文化交流の可能性を見出したのであろう。

2　雛祭りと友情の人形大使

国際児童親善会が発行した冊子『可愛いお人形が親善のお使』（日本語版）*DOLL MESSENGERES of FRIENDSHIP* は、日本の雛祭りを次のように紹介している。

日本人の家庭には雛祭り（called the "Hina Matsuri," Festival of Dolls）という美しい習慣があつて、祭りは毎年三月三日に行はれる。その日には、かねて仕舞つて置いたお母さんの人形やら、お祖母さんの人形やら、まだ其の前から伝つて居る人形を持ち出してお祭りをするのである。人形はよく見えるように雛段に並べられる。女児は長幼とも晴着を着て、雛段に飾られた自分の家の古い人形を見て廻るのである。又この日には、子供のために新たに買入れたよい人形を、此の幸福な人形仲間に加えて後の代へ伝えることもある。

そして、アメリカの学校や家庭の子供たちへ、次のような提案をしている。

一、日本の美しい雛祭りのこと、また、日本人が子供や家庭を愛することを知り、そうして日本という国に親しみを持つようになること。
二、米国から沢山の人形を贈って日本の人形仲間を訪問させ、米国の子供の好意と友情を伝えるお使い（Messengers and Ambassadors）をさせること。

これは日本文化を深く理解した、ギューリックならではの発想であった。その宣伝のため彼は、六月一九日付の電報で「美シキ雛祭ノ写真各種取交ゼ一二枚程」送るように渋沢に要請している(9)。人形を送るのは原則としてアメリカの公私立学校の子供たちだが、日曜学校、ガールスカウトの他、個人や家庭や友人仲間が送ってもよい。そのためパンフレットでは、子供たちに具体的な手順や役割を紹介し、次のようにアドバイスをしている。

(1) 協力する子供たちは、募金やバザー等で資金を集め、同会の指定する業者から三ドル程度の裸の人形を購入する。
(2) 女子は「人形を選び衣服を作る」係りとなり、男子と一緒に協力した子供たち全員で名前を付ける。どれぐらい違った名前が付けられたか、調べてみることも面白いし、人形の名前としてどれが子供たちに好まれたかもわかるかもしれない。
(3) この計画は女子だけのものではなく、男子も使者人形（Messenger Doll）に添える友情と理解の手紙を、日本に送付する仕事にたずさわるつもりでいてもらいたい。男子は「事務方を受け持って切符係となり、また会計係として働く」。そして、各クラス・仲間で人形に添えて送る親善の手紙をタイプライター（手書きの場合は読めるように明瞭に書くこと）などで、一五〇字から二〇〇字程度で書く。日本からお礼の手紙が来るかもしれないので、それを受け取る代表者の氏名と住所を書いておくとよい。

(4)　一九二六年一一月までに世界国際児童親善会の人形旅行係に申し込み書を提出し、九九セントで切符を購入する。これは日本までの旅行代金と配布にかかる代金が含まれている。人形一体一体には旅券（パスポート）をもたせるが、これは「米国政府から日本政府に宛てた一種の紹介状で」「此の旅行者（人形）が品行方正な米国市民であって、日本滞在中も常に注意して日本の法律を守ることを保証する」ものであり、手数料は一セントで人形旅行係から発行される。

(5)　人形や衣服の購入と旅行代などを自分たちの手で作る方法として、たとえば、各クラスや仲間で児童劇などを催して保護者や友人を招待して入場料を徴収すれば、購入代金は簡単に集まる。という具体的な提案までしている。まさに友情人形は、アメリカの子供たちの手作りの「友情の人形大使」であったのである。

さらに子供を見守る教師や母親には、人形計画を「教育上有益な出来事として利用する」ように求めている。

先ず人形の行き着く日本の事及び旅行の道筋などを研究するがよい。旅行の事、諸外国の風土に関する事、外国の人種や言語に関する事、外国人の習慣や服装等に関する話は、児童に取つては最も

◎世織書房・最新刊と展覧会割引のご案内

是澤博昭著（大妻女子大学家政学部児童学科）

青い目の人形と近代日本

渋沢栄一とＬ・ギューリックの夢の行方

時代に翻弄された人形たち——「近代日本」の真実とは

晩年の渋沢栄一がアメリカ・カリフォルニア州の日本人排斥問題緩和のため、Ｌ・ギューリックとともに行なった日米人形交流は、ギューリックの働きかけにより1927(昭和２)年１月17日、アメリカから１６７体の青い目の人形（「友情の人形」）が横浜港に到着したことからはじまった。それから次々と送られ、その数は約１万２千体にもなる。３月３日の雛祭りに盛大な人形歓迎式が行われ、各地の小学校・幼稚園に配布され、それは植民地にも下送された。その返答として11月10日、５８体の答礼人形が日本からも旅立った。
日米の子供たちによって行なわれた交流は、どのように「国民」意識を醸し出していったのか。日本近代国家の実相を浮き彫る、もうひとつの真実。

定価２７３０円・四六判・上製２８８頁＋豊富な写真資料を載せた口絵２０頁付き

●講演会情報

本書『青い目の人形と近代日本』の著者、**是澤博昭**による講演会が横浜人形の家・特別企画展「海を渡った人形たち」の会期中、開催されます。ご参加下さい。

日時　2010年10月10日(日)　14:00〜（入館料のみで聴講できます）
場所　横浜人形の家「あかいくつ劇場」
演題　「青い目の人形と近代日本」

このチラシを持参すると、横浜人形の家・特別企画展「海を渡った人形たち」入場料が割引になります。ご利用下さい。
おとな 100 円割引
こども 50 円割引

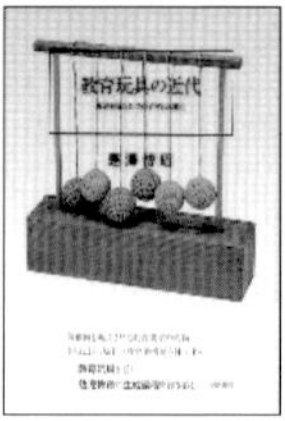

■姉妹書
教育玩具の近代
—教育対象としての子どもの誕生

教育玩具を通し幼児教育の生成過程と、近代日本の「子ども」の誕生を描いた画期的な書。2835円

世織書房　横浜市西区戸部町7-240　文教堂ビル3階
TEL045-317-3176・FAX045-319-0644

興味のあることであらう。此の種の話は、日本に関した材料だけに限らず、東洋全体を含んでよろしい。

日本やその周辺のアジア諸国について資料を集め、その生活文化や地理歴史を紹介することで、「児童の知識を広め興味」をもたせ、そして展覧会などを企画して、人形計画への参加者だけではなく、地域の人々にも人形を見せる機会を作ることを提案している。

人形の展覧

町や村の児童にも是等の人形を見る機会を与へるがよろしい。人形の展覧は教師が生徒を連れて来るのに都合のよい時間を選び、又人形は児童が其の周囲を廻つてよく見ることが出来るやうにならべて置かなければならぬ。

又其の土地の日本品販売者と打合せて、一、二週間日本特有の生産品たる人形、磁器、きもの、扇子、提灯等を陳列して置き、教師が案内役となつて混雑しない時間に全校の生徒に見物させるやうな事を催してもよい。

3　友情人形の構造

友情人形の大半は、壊れにくく、安全かつ衛生的で、しかも比較的安価に量産でき、最新のデザインである、いわゆるアメリカン・コンポジションドールと呼ばれる流行の人形であった。第一次世界大戦後のアメリカは、人形産業の面でも隆盛期を迎えていた。人形産業を担う主要な会社が次々と設立され、生産高も、これまでビスクドール(10)を中心に生産を誇っていたドイツをしのぐ勢いであった(11)。つまり、アメリカ人にとって人形がより身近な存在になった時代である。

寸法、外見、品質をある程度規定し、少数であっても「優良品を送り、二流、三流品」(12)の人形は採用しないという方針のもと、特に輸送中に劣化や破損の恐れが高いゴムやセルロイド製の人形などは除外した。

人形は三人の人形製造家と打ちあわせのうえ、アメリカ製の「新しいもので、洗濯のきく美しい衣服をきたもの」「背丈は一尺五寸」「手足は動くようにつなぐ」「目はまぶたをつけて動くようにし」「髪は縫いつける」「胴には綿をつめ」「ママーと声を出す仕掛け」のある「特製の友情表示人形」を作ることにした、と前述のパンフレットは記している。「友情人形」は、まさに当時のアメリカ文化の隆盛の一端を表すものであった。

武田英子は当時の小学生の思い出として、次のような聞き取りを紹介している。

わたしの幼いころは、外国製のお人形さんなんて、とくに地方ではめったに見られない珍しい時代でしたので、金髪の目のパッチリしたドロシーさんを大歓迎したものです(宮崎県　鈴木笑子さん)。

……人形は講堂に飾られて、子どもたちが列をつくって順番に見物しました。何人かが組になって、人形にさわらせてもらいました。なにしろ、目をつむったり、泣いたりするのですから、びっくりしました（東京都　山川堅博さん）。

寝かすと、「ママァ、ママァ」と泣くのがめずらしくて、悪童たちは競争で、先生の目をかすめてはケースからとりだして、人形を泣かせました（徳島県　後藤弘文さん）(13)。

しかも、当時の歓迎会の写真に写る日本の地方の子供たちの多くは着物姿であり、洋装もめずらしかったのであろう。高知県では次のような証言がある。

当時、人形はかなりぜいたく品で、金髪の人形なんてお店にもおいていませんでした。子供はみんな木綿の着物姿で洋服が珍しかったころです。たくさんのフリルの付いた服やレースの縁取りのある靴下、靴や帽子も絵本から抜け出てきたようでした。「ママー」と声を出すのも不思議で「きっとアメリカはおとぎの国なんだ」と思った記憶があります(14)。

尋常小学校三年の時、先生が教室に「青い目の人形」を持って来ました。私は人形がどんな下着を付けているのか知りたくて人形のスカートをめくりました。何と人形はレース付きのパンツをはい

友情人形（アヴェリル社製）

友情人形のボディ

ていることではないですか。当時、パンツは私たちでもはいていないもので大変驚かされましたね[15]。

日本の子供たちが友情人形の姿や構造に驚いたのも、当時の日本人の生活水準などから見ても当然のことであった。

価格は、着物なしで三ドル、事務局を通して三個一緒に注文すると一個二ドル九〇セントで送料無料、一ダース以上は二ドル七五セント、着物を着せると一ドル高くなる。

三人の人形製造家とは、アヴェリル・マニファクチャーリング社（Averill Manufacturing Co.）、エファンビー（Effanbee）、ホースマン社（E. I. Horsman & Co.）であり、募金等によって購入された人形はこのいずれかである、と推測される。アヴェリル社の商品の一つであるMadame Hendren Dollは一九二〇年から一九二七年にかけて製造され、現存する友情人形のなかではもっとも数多く確認されている。腰のあたりにたとえば「216」の型番号とともに、「純正の」あるいは「正真正銘の」という品質を保証するGenuine の文字が見られる[16]。

なかにはドイツ製のビスクドールや他のメーカーの商品など三社以外のメーカー（CENTURY,

友情人形の箱

友情人形のラベル

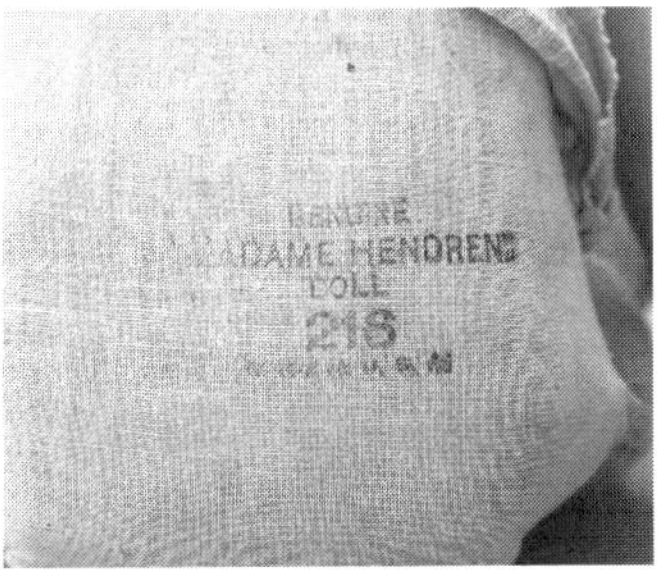
商標と型番を表すスタンプ

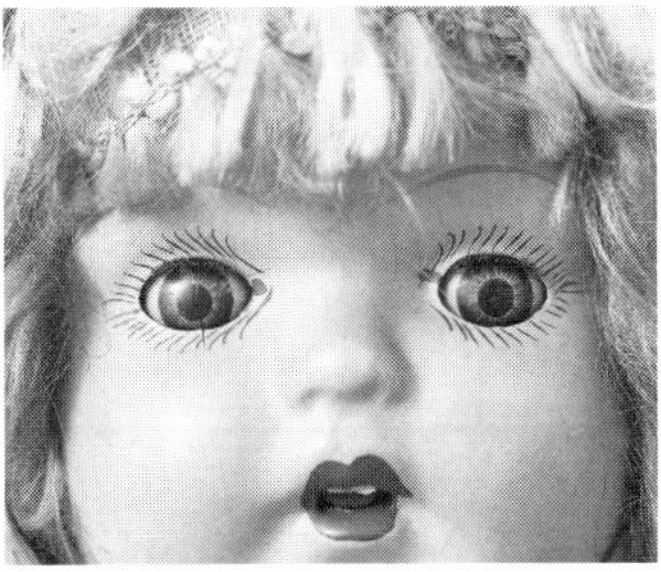
スリーピングアイ

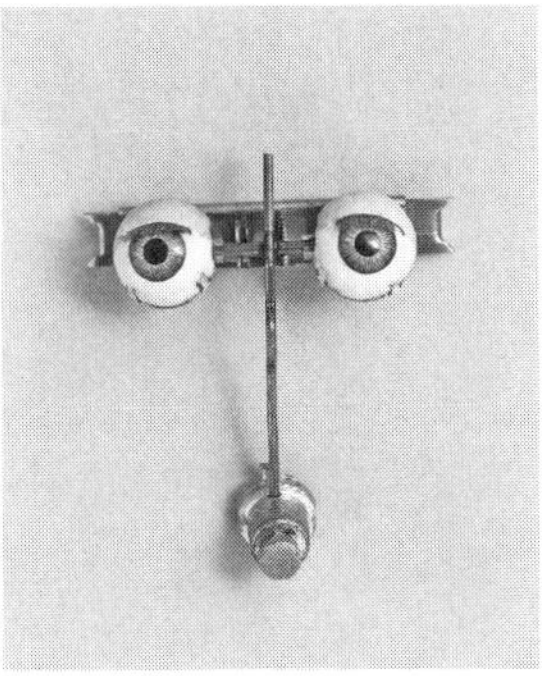
スリーピングアイの構造

WOODTEX, A. M ©Co.など）やメーカー名を特定できない人形も含まれており、各自が家庭にある思い思いの人形をもちよったことがわかるが、三社製のコンポジション製の人形が友情人形のほとんどである。コンポジションとは、おが屑、パルプ、土などさまざまな素材を混ぜあわせたもので、型抜きが可能で一つの元型から大量の原型ができ、それに彩色をして仕上げられる。

前述のパンフレットや子供たちの思い出に記されたように、友情人形は身体を前後に倒すとママーと泣き声をあげ、抱き起こすと眼を開け、寝かせると眼を閉じる、「スリーピング・アイ」と呼ばれる構造をもつものが多い。しかし、それだけでなく、表情、目、髪などをはじめ、姿形などそれぞれ微妙に異なっている。

眼は絵の具で彩色した描き眼も見られ、髪の毛の色もブロンドやブルーネット、茶褐色などさまざまだが、なかには形取りされた頭に髪型が凹凸で表され、その浮きあがった部分を彩色したものもある。かつらをつけている人形でも頭部には彩色されていない凹凸が残っており、同じ型で製造し、かつらつきのものと彩色仕上げのものと二種類の商品を作りだしている。

特に、ホースマン社の一部の人形には、彩色された目と髪をもつものがある。また泣く仕組みの装置は人形の背中に取りつけられているが、現在する友情人形でその声を聞くことのできるものはごく少数であるという(17)。

4 送付数と性格

人形計画の「最も価値ある点は、多数の米国児童や其の両親に国際的な考えを深め、日本に好意を持たせる機会を与えるという点」にあり、「米国に対する好意が日本に於いても呼び起こされるといふ大いなる利益がある」と国際児童親善会はアメリカ国民に訴えたが、一般の人々の反応は冷たく、「疑惑はおろか、邪推や冷笑さえもなく」、計画そのものが「たんなる感傷にすぎない。人形で国際的な好意を啓発するといったもくろみなど馬鹿げている」といった見方が多数を占めていた(18)。

しかし、計画はアメリカ全土に広がるキリスト教教会連盟を中心に、公私立学校をはじめ教会、日曜学校、ガールスカウト、キャンプファイアーガール、PTAなど信条や所属団体を越えてさまざまな団体や各家庭、個人へと広がりを見せ(19)、短期間のうちに全米四八州中四七州から(20)一万二三七九体の人形が集められた(21)。

当初、ギューリックは「日本の公立学校には六歳から一四歳までの女児が約四五〇万人」いるので「十万以上の人形を送」りたい、と考えていた。「幾十万個、或いはその数倍の人形を蒐集」し、文部省の協力を得て日本の小学校へ配布し、子供たちが直接交流するという構想を抱いていたが(22)、彼が人形計画に取りかかることができたのは五月頃であり、約六カ月の準備期間しか残されていなかった。

六月二五日付書簡では、一二月までにどれだけ集められるか予測は困難だと渋沢に書き送っている。九月にはある程度めどが立ったらしく、一万個なら成功、二万五千個から五万個なら大成功、十万個なら特別なる大成功（九月一五日付書簡）としている。送付直前の一一月一二日付書簡では一万個超過の見込みが立ち、やや成功といえるが、それでも二万五千個に達する可能性もあるという期待をのぞかせている。ギューリック自身は、できるだけ多くの人形を集めたいと考えていたようである。そして、日本での輸入関税の免除と文部省による配布を求めている。

実際に日本に送られた友情人形の総数は、*Dolls of Friendship* には一万二七三九体、渋沢史料館の「アメリカヨリ寄贈セラレタル人形配付ニ関スル調」(23)には一万一九七五体と記されている。そのため人形総数を約一万二〇〇〇体とするほか、現存する友情人形の追跡調査を行っていた武田英子氏が代表をつとめた「青い目の友情人形交流会」は、渋沢史料に当時の植民地である朝鮮、台湾、樺太、関東州の記述がないため国内数を一万一九七五体、植民地分をあわせて一万二七三九体としている。しかし、筆者は実際に日本に送られた友情人形の総数は、渋沢史料の記述にある一万一九七五体と考えている。

同史料は謄写版に記載された成立年の不確かなものだが、実際に受け取った側の記録であり、輸送船の名称、箱数をはじめ、アメリカからの「通知ニヨル個数」一万一五六五体、「実際個数」一万一九七五体、「各府県配付数」一万九二〇体、「残数」一〇五五体（残数については後述）等、具体的な数が詳細に記されている。同史料の備考に記載されている植民地分三一九体という数も、当時の現地新聞を中心とした筆者の追跡調査の結果、確認される配付数が三〇六体と、ほぼ信頼される数字を示している(24)。また、一九三五年宮内省に *Dolls of Friendship* を献上した由来書も人形の総数一万一九七五体となっている。

では、国際児童親善会の発表する一万二七三九体という数字は、どのように理解すべきなのか。現存する友情人形のほとんどは同会が一括購入したコンポジションドールか、またはある程度の質を備えたビスクドールである。「少数であっても優良品を送る」という同会の方針を重ねあわせて考えると、一万二七三九体という数字は、実際に国際児童親善会に集まった人形の総数ではないかという推測が成りたつ。つまり、各家庭などから集められた人形には、セルロイド、ゴム製等、長期間の輸送に適さない人形が含まれていたはずである。したがって、日本に送るためにアメリカ国内で集められた友情人形の総数は一万二七三九体だが、実際に日本に送られた数は一万一九七五体と考えたい。

また人形交流は、あくまで「移民法」の改正運動に破れたギューリックの教育キャンペーンの一環である。人形の集まり具合を見ても東部一九州とカリフォルニア州の計二〇州で全体の九一％が集中するなど、地域的にも偏りがある。しかも、ギューリックが活動の拠点としていたニューヨークを中心に、近隣のオハイオ、ペンシルバニア、マサチューセッツ、ニュージャージーの上位五州で約六〇％を占めている(25)。人形計画への参加者は、ギューリックあるいは渋沢の人脈の及ぶ限られた地域が中心であり、すべてのアメリカ国民がこぞって参加したわけではなかったことも指摘しておきたい。

だが、そもそも「子供を中心とする人形による国際交流」に、なぜ渋沢や時の日本政府は全面協力をしたのだろう。そこには、日本人移民排斥問題に対して解決の糸口さえもつかめない日本側の事情も関係していたのである。

2　友情人形の歓迎

1　渋沢栄一の尽力と外務省の危惧

一九二六（大正一五）年二月四日、ギューリックは計画を実行するために駐米日本大使松平恒雄を訪ね、人形の輸入関税の免除と配付のための協力を申し入れた。

これを受けて松平は、次のように本国に打電している。

（人形計画は）日米関係ニ付改善ヲ顧念セル一ノ計画ニシテ、之ヲ以テ一方日本ニ対シ好意ヲ表示セントトスルト共ニ他面ニハ当国児童ノ心裡ニ対日好感ヲ刻印シ、永キ将来ニ亘リ両国親善関係ノ増進ヲ計ラントトスルモノニ付、可成円滑ニ之ヲ実現セシメ度キニ付、右御含ミノ上適当ノ筋ニ御照会ノ上、何分ノ御意向至急御電示ヲ請フ……(26)。

外務省の対応は早く、二月一五日には外務省通商局長代理齋藤良衞が計画実現のための援助を渋沢に依頼している。そして、その実行のために文部省に、関税免除のために大蔵省にもそれぞれ照会している(27)。しかし、政府が協力するか否かの回答は、のびのびとなっていた。

四月一五日、これに業を煮やしたギューリックは、渋沢に外務省への働きかけを求める書簡を送っている。

（人形計画に対し松平は）賛意を表せられたるも、外務省に通知する必要あるにより、電報を以て之れを為すべき旨申され候、小生は未だ同氏より通知に接せず候間、未だ返事之無と存候、案ずるに外務省は多忙にして人形につきて考慮する暇なきか、或いは反対意見にても行はれ居るものかと存候(28)

では、この時外務省の回答の遅れは単なる事務上の理由だったのだろうか。実はギューリックに急かされながら、松平は本国への問いあわせを繰り返していた。

往電第三三号及第五三号ニ関シ昨二十七日「ギューリック」氏来館……日本側了解ノ下ニ是非之カ実現ヲ図リ度キ次第ナルカ（既に相当の日時が経過し今年中の実行はタイムリミットにきているので速やかな回答が欲しいとの申し出があった）本邦側回答遅延ノ事情ハ色々有之可クトハ察セラルルモ徒ニ遷延ノ結果平素同博士等ノ有スル対日友情ニ面白カラサル影響ヲ与フルカ如キ事アリテハ遺憾ニ付……至急御回示ヲ請フ(29)

そして最後に、この件についてギューリックが渋沢に詳細な書簡を送り、斡旋を依頼したことをもつけ加えている。

松平は回答遅延の理由に何を察していたのだろう。

これについてギューリックは、アメリカ経由でロンドンの大使館に赴任する途上の堀内謙介に、日本人の一部には「米国は何時も不都合な排日行為」をしておきながら、今度は「日本人に物を送り之を慰撫せんとする」とは人を馬鹿にしている、という反対論でも起こっているのだろうかと尋ねている(30)。しかし、おそらく日本政府は、ギューリックの行動にある種の危惧を抱いていたのであろう。

第1章、2章で見たように、ギューリックの移民法改正運動は排日派の標的とされていた。いわゆる

「埴原書簡」以来、この問題について在米日本大使館も慎重な姿勢を見せていた。しかも、ギューリックが政治運動から穏健な教育運動（Campaign of Education）に方針を変更したという後も、彼を目標とした排日派の反発は続いていた(31)。

したがって、外務省もこの人形計画が対日、対米世論を好転させるきっかけとなる反面、かえってアメリカ国内の反発を強める可能性があることも予測していたのではないだろうか。また、当然日本国内で起こる反発も予想された。

繰り返すが「移民法」が成立した大正一三年には国辱記念の国民章が飛ぶように売れるなど、日本国内の反米意識が高揚していた頃である。渋沢もギューリックに日本の現状を知らせ、アメリカ国内で声高に宣伝しないように注意するとして、一九二六年八月一八日付で次のように書き送っている。

尚排日法通過以来、当方一般の感触も御承知の通りに有之、当方に於て余り歓迎致候様御吹聴相成候ては面白からす被存候、御如才も無之義と被存候へとも添て申上候(32)

このような理由から人形計画の意義を認めながらも、一方で回答に躊躇したものと考えられる。

しかも、この人形計画は公式な政府間の贈答問題ではなく、いわば民間人による非公式な国際親善事業であった。したがって、日本政府が受け入れの前面にも立ちにくいという事情もあったのであろう。そのためこの場合、直接政府関係者ではない民間人の存在が必要であった。

最初に人形計画の相談を受けた松平も、予め日本の当局と渋沢等の了解を取るようにギューリックに助言している(33)。また、外務省高官の相次ぐ渋沢への協力依頼(34)も、その間の事情を暗示している。

友情人形の受入団体である「日本国際児童親善会」も、当初は外務省、文部省、日米関係委員会、日米協会、日本国際連盟協会、日本帝国教育会、日本婦人平和協会が後援団体となり、副会長に外務省情報局長、文部省普通学務局長を、また、顧問に外務次官、文部次官等を予定していた(35)。

それにもかかわらず、発足時には会長の渋沢だけを残して役員をすべて廃止し、事務だけは文部省で取るように変更されている。

本後援団体ハ設ケサルコト、ナリ、日本国際児童親善会ト云フ名称丈ヲ存シ、其事務ハ凡テ文部省ニテ取扱フコト、シ、役員モ全部廃止シ前依頼シタル方々ニ対シテハ、更ニ個人トシテ尽力ヲ請フコトニ変更サレタリ(36)

またその前に文部省で行われていた会合では会長徳川家達（貴族院議長・ワシントン軍縮会議主席全権大使）、副会長渋沢栄一と資料の欄外に朱書されていて(37)会長候補も固まっていたらしい。だが、後述するように家達から華やかな歓迎会を開くことへの批判が寄せられるなど、一部では、渋沢の行動に対して不満がくすぶっていたのである。

これらのこともあり、渋沢だけが日本側の窓口となることであくまで民間人による親善外交の形式を取り、国内世論、あるいはアメリカ世論の反発があった場合の対応の伏線としたのではないかと推測される。

2 渋沢の役割

一九〇九（明治四二）年渋沢は古希を迎えて、大半の関係事業、また役員を辞め、国際親善や社会公共事業に余生を捧げる。なかでも日米関係改善に強い意欲を示したことはすでに見た通りである。「日米関係委員会」を中心に日米両国内に大きな人脈をもつ渋沢が窓口になることは、それだけで単なる一民間人による親善事業ではない、何らかの役割を、初めから人形交流は期待されていたのである。

たとえば一九二六（大正一五）年五月一〇日、新任の挨拶に来た駐日アメリカ大使チャールズ・マクベー（Charles MacVeagh）は、総理大臣若槻礼次郎に、アメリカ政府は「移民法」に反対であり、自分としては日米関係改善に努力する考えであるとして、次のような会話をしている。

大使　クーリッジ大統領及前国務卿ヒューズ氏ノ考モ全然日本皇室ノ思召ト同様ニシテ……（移民法）ニ反対ナリシハ御承知ノ通ナリ、故ニ自分トシテハ全力ヲ挙ケテコノ日米間ノ関係ヲ従前ノ如ク良好ナラシムルコトニ努力スル考ニシテ、現ニ渋沢子爵及金子子爵……トモ本問題ノ解決案ニ付考慮シツツアル……（自分の在任中はもとより）帰国後ニ於テモ本問題ノ解決ニ私生涯ヲ投シ度所存ナリ……

総理大臣　……渋沢子爵ハ日米間ノ友好関係促進ヲ畢生ノ事業トスル人士ナレハ両子爵ハ能ク日本国民ノ意向ヲ了解シ居ラルルモノト思ハル……宜シク其ノ説ク所ヲ含味セラレンコトヲ希望ス……日本人ハ極メテ体面ヲ重ンスル国民ナルコト是ナリ本問題ノ解決ニ当リテモ此ノ点ニ付充分御考慮ヲ要スヘク……(38)

ただし若槻は、マクベーの言葉を「移民法」改正運動のことだと受け取っていた。そこで外務大臣幣原喜重郎は、マクベーが渋沢、金子に言及した意味は「移民法」改正以外に、「何カ日米親交ノ基礎ヲ発見シ得サルヤヲ考慮中」という意味であると説明している(39)。

幣原のもとには、すでに松平から人形計画の概要が届いていた(40)。マクベーは金子の名もあげているので、必ずしもこれが人形計画をさすとはいえない。しかし、後に見るように友情人形の歓迎会や答礼人形の送別会におけるマクベーの役割や他に日米親交の具体的な企てが見当たらないことからも、このことを念頭においていたと考えられる。日米両政府ともに、渋沢の一連の行動のなかに、何らかの期待があったことがわかる。

人形計画は、アメリカ国内からの日米関係改善の運動を希望する渋沢の期待にもそうものでもあった。したがって、渋沢や外務省は人形交流は子供を中心とした親善の表明にとどまらない、日米関係改善のための一つの手段であり、「子供」・「人形」というソフトなイメージによって、悪化している日米間の国民世論を緩和するために効果があるものと、とらえていたのである。そのため渋沢は、積極的に人形計画実現のために尽力することになる。

たとえば、彼は人形の受けいれ方法と対応の協議に先立ち、部下増田明六に文部省を訪問させている。それまで文部次官と普通学務局長とは、渋沢とギューリックの日米関係改善運動の経緯はおろか、「日米関係委員会」の存在さえも知らなかった。このため増田は、次官と局長にこれまでの経緯を説明するために文部省に出かける。

一月十三日文部省ニ松浦文部次官訪問

一、東京日米関係委員会ト紐育日米関係委員会ノ組織

一、子爵トギユリツク博士トノ関係

一、博士ガ人形ヲ送ルニ至リシ理由

一、人形ノ取扱ニ付テ外務・文部ヲ煩ハスニ至リシ理由

一、日米関係委員会トシテ人形迎送ニ関スル案

ニ付談話シタルニ、次官ハ単ニ博士ガ我外務省ニ之ガ配付方ヲ依頼サレタルモノトノミ思ヒ居リシ様子ナリ(41)

続いて次官の依頼で学務局長関屋龍吉に面談し同じことを話したが、関屋も「人形送付ヲ単ナル日米

親善」(42)にすぎないと解釈していたという。

一九二七（昭和二）年一月二二日の渋沢の日記には、次のような一節がある。

午前増田明六・白石喜太郎来ル、増田ニハ米国ヨリ送リ越セル雛人形ノ取扱ニ付、文部省・外務省ノ官吏ト充分協議シテ、意見ノ齟齬又ハ処置ノ違却ナカラシムル事ヲ注意シ、其要領ヲ口授ス、白石ニハ諸方ノ本翰ニ対スル処方ヲ指示ス(43)

その後、渋沢自身も数回、文部次官や普通学務局長に会見し(44)、最終的に計四回にわたり予備折衝を重ねている(45)。そして、「友情人形」の意義が認められ輸入関税の免除が決定され、「日本国際児童親善会」が設立されるなど、ようやく人形の受けいれ体制が固められるのである。

3　人形歓迎会の様子――国をあげての歓迎

一九二七年一月一七日、大正天皇の葬儀に列席するために帰国した秩父宮が乗った日本郵船サイベリア丸で、「友情人形」の第一陣が送られてきた。「移民法」の成立であれほど高まっていた日本の反米世論がまるで一転したかのように、「友情人形」の話題はマスコミにきわめて好意的に取りあげられる。

新聞各紙は、逐一詳細に友情人形の情報を伝えている。はやくも前年の一九二六年六月二四日付『東京日々新聞』は、「アメリカ生れのお人形　親日家のギユーリツク博士が　全米十万の小学生から集め

て　思ひつきの　人形政策」と、アメリカで人形計画が動きだしたことを報じている。昭和二年一月四日アメリカから一六七体の友情人形がサンフランシスコを出港すると、一月五日付で『東京朝日新聞』が、「秩父宮のお船にもお人形も同乗　日本のお友達へ向け　米国少年少女の温かい贈り物」と報じるなど、その関心の高さがわかる。

昭和二年一月一四日に文部省普通学務局で行われた会議では、おおよその歓迎次第が決定され、二月一九日に「日本国際児童親善会」が組織され、渋沢は会長に就任する。同会は、その目的を「本会ハ米国世界児童親善会ノ寄贈ニ係ル人形ノ受領配布並ニ答礼、其他之ニ関スル事務ヲ処理ス」として、文部省内に事務所を置いた。人形の展覧会を二月二五日から三日間三越・高島屋などの五つの百貨店で行い、当初予定していた東京の歓迎会の会場を帝国劇場から日本青年会館へ変更することを決定している(46)。『時事新報』(昭和二年一月二三日)は「二千人のお子さんが出て／お人形団歓迎会を盛大に／二月二十日の昼帝劇で催す段取り」と報じているが、人形送付の直前の大正一五年一二月二五日に大正天皇が亡くなり、いわゆる諒闇中(天子が父母の喪に服する期間、国民も服喪した)ということがあり、帝国劇場で派手な歓迎会を開くことには周囲からも異論があったらしく、渋沢史料館には、当初会長を委嘱する予定であった徳川家達からの痛烈な批判の手紙が残されている。

(来月二〇日に帝国劇場の授与式は)日米親善の関係上宜敷事の様ニモ被存候得共、何分目下諒闇中ニテ来月二十日ハ未た第二期中ニモ有之、帝国劇場ノ如キ場所ニて音楽隊モ呼寄花々敷挙行ハ、世間ニ対シ如何可有之哉、不穏当の様ニ相考候ニ付、昨日文相へモ愚考の趣相話置候、何卒貴下ニおゐても十分御考慮相願度、小子は断然出席不仕考（二《ママ》）御坐候、……呉々も篤と御熟考相願度存候也（47）

このような事情もあり、明治神宮外苑の日本青年館に変更されたと思われる。昭和二年三月三日に開かれた米国人形歓迎会は、アメリカ大使マックベーをはじめ文部大臣、外務大臣が来賓として出席し、二階正面の来賓席には北白川、竹田、朝香などの宮家の令嬢が並び、日米の子供たちが出席し、次のようなプログラムのもとに行われた。

人形歓迎式

一、開会
二、国家合唱　イ　国家（君か代）
　　　　　　　ロ　米国々歌（The Star-Spangled Banner）
三、経過報告　文部省普通学務局長　関屋竜吉
四、米国児童の挨拶　ベテー　バランタイン嬢
五、唱歌（Doll Song）檀上　米国児童
　（ピアノ伴奏）

六、人形の御迎へ
七、日本児童の挨拶　　　　　　徳川順子譲
八、唱歌（人形を迎へる歌）　檀上　日本児童
（ピアノ伴奏）
九、人形の着座　（奏楽合唱　人形を迎へる歌　全児童）
十、来賓の御挨拶　米国大使チャールスマックベー閣下
　　　　　　　　　　　　　子爵　渋沢栄一閣下
十一、閉会
　奏楽　　　　　　　　　陸軍戸山学校軍楽隊(48)

会場の正面には日米の国旗が掲げられ、壇上の二つの雛壇の左側は内裏雛が並ぶ。その右側には日本を代表する愛玩用の人形である市松人形がところどころに飾られ、「友情人形」を飾るスペースが大きく空けられている。挨拶や唱歌が終わった後の「六、人形の御迎へ」は、ステージの右と左に四九人の日米の少女が並び、アメリカの代表から日本の代表へ「友情人形」が手渡された後に、一〇人単位で人形の授受が行われ、順次雛壇の空いたスペースに飾られた。

もっとも少女たちの服装は対照的で、日本側が正服で整列し紺一色なのに対して、「米国のお嬢さん達が好みゝの装いで立ち並」(49)んでいた、という。後年、代表で人形を受け取った徳川（関根）順子

（徳川家達の孫）は、次のように回想している。

私は、たまたま代表校の女子学習院（前期一年）に在籍していたため、代表に選ばれ、本人はこれといった認識もないまま、檀上に立たされることとなった。ただ夢中で短い挨拶の言葉を述べ、アメリカ側の代表のベティ・バランタイン嬢（アメリカ総領事の娘）から、大きな美しい人形を受け取ったこと、その緊張感と共に、段上に大勢のかたがたが、並んでおられたのを記憶している。……私ども日本の児童側は、大正天皇の諒闇中のことでもあり、一同大変地味な服装であったのに対し、米国側は年齢もまちまちで、服装もまた華やかに美しく、子供心にうらやましかった。そして、私どもが緊張気味に、教えられたとおりキチンと整列しているのに対し、彼女達は、始終おしゃべりし、動き廻り、まことに対照的であったのが印象に残っている(50)。

たしかに当時の写真には、日本側の少女の服の袖には黒の腕章が見られ、服喪中であることがわかる。学校行事のように整然と並び、彼女たちは恭しく人形を受け取ったのであろう。その姿は、自由な服装のアメリカの少女とは対照的であり、子供同士の親善であったはずの人形交流が、すっかり儀礼的な歓迎行事にすり替わっていった。

マックベーは、席上約一六〇〇名の日米の子供たちに向かって、自分は痩せているので肥ったサンタクロースには似ていないが、サンタクロースがアメリカ人の家庭に喜びと幸福と愛を与えるのと同じ心持ちで、日本の雛祭りに太平洋の彼方からアメリカの少女たちの友情人形を贈る、そして「同時に今日は日本と亜米利加とがお互いによく分かり合い双方の間に切つてもきれない強い親しみといふ鎖が造られる事に大いに助けになった日として歴史に書かれる」(51)と信じている、と挨拶している。

一方、やんちゃな子供時代を過ごした渋沢は、雛祭りへの興味はおろか、それを楽しんだ思い出もあまりなかったとして、次のような挨拶をしている。

私は八十年もたつた今日、雛祭りの嬉しく楽しい事が真に判つた様な気がするのであります。……「三ッ子の魂百まで」と云ふことがあります。……両国の親善を増すには小供の内からやらねばならぬ。その方法として米国から人形を贈ろう。すれば両国の小供の間に親しみが生じ、よい感じを得るだろう、……大使は謙遜せられて、自分はサンタクロースには似ないとのお話でありましたが、……(私の体型はサンタクロースには似ているので)八十八歳の私がサンタクロースとなつて、日本の皆さんに(人形を)お分けしたいと思ひます(52)。

一方大阪でも友情人形は熱狂的に迎えられている。渋沢史料館所蔵「人形積載船舶予定」(53)によれば神戸港に着いたのは二月四日着の第三便モンロー丸だけだが、『大阪朝日新聞』(二月二二日)は、神戸港についた人形が大阪に送られた様子を「日米国旗に迎えられて　アメリカ人形の来阪」として、次のように報じている。

アメリカ生まれのお人形のけふは晴れの大阪入りだ……お迎えの自動車には今日を晴れとお扮装した目もあやな日本の人形三百体が積まれた、異邦のお友だちを歓迎するのである……阪神国道を一路大阪へ、晴れがましく大阪へ乗り込みだ、こちらは御入来を待ちこがれた大阪の子供たち、(正午から小学一年生百名と幼稚園園児七十名が朝日新聞本社につめかけ)日米国旗をふりかざしながら今か〻と来社を待つ、午後二時本社の前に到着した七台の大自動車を取りまいて湧き上がる少国民の大歓声と目もあやな日米両国旗の踊り、交錯、通行の人たちも、悉く足を停めて少国民の万歳に和する嬉しさ……

そして人形たちは市役所、府庁舎を訪問した後に、百貨店に配分されて三日間展示された。そして東京と同じく、三月三日午後二時から中之島中央公会堂で約二千名の参加者を集めてアメリカ人形歓迎会が開かれている(54)。新聞には自動車と日米両国旗を振る子供たちの写真が掲載されている。

人形の代表ミス・アメリカと全米の各州とワシントンD・Cの代表四九体を乗せた鳥羽丸は、日本青年館で催された歓迎会には間にあわなかった。五〇日の船旅で、三月九日到着という当初の予定も、悪天候のため一四日にずれこみ、倉庫で一夜を過ごした後、一六日になってからマスコミ関係者に公開されている。そして、一八日午後二時から横浜港新桟橋に停泊中の天洋丸で人形の授受式が行われた。

同船の社交室には代表人形五〇体が飾られ、振り袖姿の市内の児童代表が授受式に参加した。そして文部省学務局長関屋龍吉やアメリカ総領事ケンパーが臨席し、関東学院教授フイッシャーの令嬢と池田県知事令嬢との謝辞交換のあと、ケンパー総領事から関屋にミス・アメリカが手渡され、次にミス・ニューヨークが池田知事令嬢へ、続いて有吉横浜市長令嬢へと人形が次々と渡され、少女たちは人形を一人ひとり抱きかかえて天洋丸のタラップを降りた。「波止場には二千も三千もの横浜の小学校の生徒がみなニコニコと手を叩いて」出迎え、続いて三時から本牧小学校の大講堂で歓迎会が開かれている。そこで市長は子供たちに、次のような挨拶をしている。

親切と云ふことは自分の心の内に親切がある人でなければ判りませぬ。これらのお人形さんはみなアメリカの子供達が小さい、心をこめての親切のかたまりです。女の子はみんなそろつてお人形さんの衣物をこさえました。男の子は勇敢に旅券（パスポート）を書いて、そろつて日本にゆく送別会を開いて……これらのお人形さんを送つてくれました。けれどもお人形さんだけを送つてくれたのではありません。そのお人形さん達にはアメリカの子供一人一人の親切が一杯こもつているのです(55)。

軍楽隊の奏楽や関屋学務局長、ケンパー総領事の挨拶、歓迎歌の合唱などが続き、歓迎ムードは最高潮に達した。

そして代表人形は東京に送られ、一週間後の二六日、大正天皇の諒闇中のため雛祭りを取り止めた皇女照宮に献上される。「ほんの一日と思ってお揃いで出かけた御人形さんたちは両陛下はもとより、殊に照宮様の御気に召してお遊び相手となっているうちにとうとう長くなって」(56)一週間後の四月二日まで御所に止めおかれた。そして、ミス・アメリカだけを残して四九体が文部省に下賜されたという。

代表人形のなかでも排日問題で揺れるカリフォルニア州代表ミス・カリフォルニアだけは、花嫁姿の人形だったので、特別に島台を頂戴したという(同前)。カリフォルニア州の親日家とともに日本人移民の思いがひしひしと伝わってくる。

これらの代表人形は皇后からの下賜金で、「人形の家」が東京博物館(現国立科学博物館)に造られ、展示される。人形の家は檜材の二階建ての日本家屋に、庭には遊具なども置いた当時はやりの文化住宅風の造りで、一般公開直前の七月七日の七夕の日に、ミス・アメリカも夏服に着替えた姿で下賜されている。そして他の友情人形は、文部省普通学務局によって全国の各小学校、幼稚園へと配付されたのである。

4 各地の人形歓迎会

日本に送られた友情人形の一万一九七五体のうちの一万一〇〇〇体余りが、日本国内の公立、私立の小学校、幼稚園に配付されている。当時の国内の小学校は二万五四九〇校、幼稚園は一〇六六校、計二万六五五六校であった(57)。この計算でいけば、二・四校に一体の割合で配付されたことになる。

ギューリックは友情人形を分配先の校長や教師が選抜して、各学校で「素行善良、学業優等のものに対する一種の特別賞品」として与え、日本とアメリカの子供たちが直接交流をするという構想を抱いていた(58)。しかし文部省では、分配にもれた子供たちに配慮して、むしろ「全国各小学校及幼稚園ニ分配シ各学校ヲシテ毎年三月三日雛祭ヲ行ハシメ、右人形ヲモ陳列セシムルコト最良法ナル」(59)、つまり各学校単位に配布して、全校をあげて雛祭りをして、人形を飾ることが最良の方法だという考えをギューリック側に伝え、彼も同意したという。

また、文部省だけでは人形の受けいれ、配付にかかわる費用を賄い切れなかったため、生じた不足分は渋沢及び「日米関係委員会」が補助している(60)。たとえば、その負担分は全経費九五四九円七一銭の約五五％にあたる五二五九円二六銭に上るが、渋沢が一〇〇〇円を寄付し、残りを日米関係委員会が負担している(61)。

そして、「道府県ニ配当スヘキ数ハ寄贈人形総数確定ノ上追テ通知ス」として、その配布の基準を次のように示している。

一、道府県ニ於テハ左ノ順次ニヨリ、一学校一幼稚園ニ人形一個ヲ配付セラレタシ
イ、道府県師範学校附属小学校及幼稚園
ロ、道府県庁所在地ノ公立小学校及幼稚園
ハ、道府県内主要都邑ノ公立小学校及幼稚園
ニ、外国人ノ多数居住スル地方又ハ其出入多キ土地（例ヘハ開市場・遊覧地・温泉場・避暑避寒地

等）ノ公立小学校及幼稚園

ホ、其ノ他ハ府県知事ノ適当ト認メタル公私立小学校及幼稚園(62)

前述のように東京では、日本青年館と百貨店で友情人形の歓迎会・展覧会を開催したが、地方も人形が到着したら、「道府県教育会等ノ団体、又ハ配付ヲ受ケタル学校幼稚園等」の主催で、事情の許す限りなるべく人形歓迎会・展覧会を「開催セラレタシ」、ただし目下諒闇中なのでこれらの催しは「寄贈ノ誠意」を受けることを旨とし、華美にならないで簡素にするように注意している。

当時の横浜市西前小学校の資料「人形配布ニ就テ（各校ニ注意）」（横浜人形の家所蔵）には「展覧会後抽選ニヨリテ各校ニ配布」することと文部省が歓迎会・展覧会の状況を撮影し、写真帳を作るという意向があるので、配布された場合は「校下ノ一家庭ノ雛祭ニ配シ其ノ情況ヲ写真」撮影して、市役所に送付する。そして人形は学校幼稚園に保存して、「三月雛祭等ノ諸行事ヲ為ス場合」には陳列して講話の資料とするように求めている。

歓迎会は「適宜ノ方法ニ依リ児童・父兄、又ハ一般観覧者ニモ周知セシメラレタシ」としているように、友情人形の歓迎会は、小学校を中心に父兄や地域住民まで広がる行事となっていた。

たとえば、三重県では三月二日に七四体の友情人形が届き、「県は3月4日から3日間、津市恭和小学校（現在は合併して敬和小学校）で歓迎会を兼ねた人形展覧会を行い、その後で県内の学校などに配り」、「宇治山田市（現伊勢市）では3月29日に第三小学校……で市に到着した11体の人形の歓迎会を開いた後、７つの小学校と幼稚園に配」っている(63)。このように県、市単位で各段階ごとに規模を変えて、それぞれに歓迎式が繰り返し行われたことがわかる。

また武田英子は、北海道空知郡北村中央小学校保存文書等から、歓迎会が地域をあげての行事であった様子を伝えている。

道庁での歓迎会のあと空知支庁へ送られ、寺島校長が受けとって帰校した。となりの……豊正小学校にも人形が分配されたので、両校合同で歓迎会を開催することにきまった。その日のことが、「本校における人形歓迎会並びに展覧会状況」の記録に残っている(64)。

それは次のようなものであった。

校下児童の父兄方も多数参加。竹本村長を始め各官公職者列席の上、学校長の歓迎の辞が述べられました。……猶この人形さんは村内で渡らない学校もありますので、可成各学校に回覧してその校に展覧させ、父兄方にもみせるように致しまして、日米親善に一層配慮するように勉めました(65)。

そして、若い訓導の書信を紹介している。

全児童には、家に人形あるものは持ってこさせ、それぞれに抱かせ青い目の人形を迎えました。当時体育館もありませんでしたので、二教室を通した式場で、校長先生、本校児童代表が出て、児童全員拍手の中で人形を披露しました。この雰囲気で式典はいやがうえにも盛り上り、引続き音楽会、遊戯、劇等があって、村内あげての観客で、時ならぬ楽しい一日でした(66)。

三重県の聞き書きからもわかるように、「神社で歓迎会をした後に、小学生が音楽隊を交えた旗行列をして村内を練り歩いた」、「人力車で校長が大事に抱いてきたのを、児童が校門に整列して迎えた」、「大正天皇の諒闇中なので学芸会は質素に行われたが、歓迎会では人形についての説明を教師から聞いた後で子どもたちが手にアメリカの旗を振りながら唱歌を歌った」等、地域や学校をあげての儀式的な歓迎会であった(67)。

横浜人形の家所蔵の写真からも、小学校一年生が児童総代として歓迎の言葉を檀上で述べている写真や人形に相撲大会を観戦させたり、園児が雛人形に仮装して人形に見せるなど、さまざまな工夫に富んだ、当時の熱烈な歓迎の様子が伝わってくる。

『信濃教育』には、長野県の次のような回想が掲載されている。

いよいよアメリカの人形が来るということなので、児童たちが、当時の学校（今の農協の場所）から出て、本通りに並びました。……そこに当時の大河原小学校の本校と分校の子どもたち全員と、学校の先生たちを含めて、およそ五四〇人ほどが並んで人形の到着を待ちました。
その並んだ中を、校長先生が人力車に乗って、(当時あらたまった時には人力車に乗りましたが)、お人形をしっかりと抱かれて威儀を正して、子どもたちの出迎える中を静々と通って学校に到着しました(68)。

では前述の「アメリカヨリ寄贈セラレタル人形配付ニ関スル調」に記載された「残数」一〇五五体の友情人形はどうなったのであろう。これらは当初各地に配布される途中に破損する人形があることを想定して取り置いたものらしく、「交換方申出候もの少く」日本国際児童親善会に残ってしまったので、委員が協議して、同会のために尽力した「人々の各家庭に贈呈致す」こととした。「数日前其手続を了し候間貴人形は永久に温かき日本家庭の一人と相成同家庭の子女と共に愉快に消光致候事と存候」という、一〇月二五日付の書類の写しが渋沢史料館に残っている(69)。渋沢家をはじめ関係した一般の家庭にも友情人形は贈られたことがわかる。

3　答礼人形の送付

1　渋沢とマクベーの会談

渋沢は、「答礼人形」を送ることで、日米の親善熱をさらに確実にしようと考え、一時帰国する駐日アメリカ大使チャールズ・マクベーを麹町の官邸に訪ねている。四月八日、渋沢とマクベーは次のような談話を交換している。

（渋沢）……此親善人形の企ては子供の心を喜ばせると云ふことでありましたから、其の目的は遺憾なく達せられたのみならず、日本人全体に、おだやかな感じを与え、両国親善の上に非常に好い貢献を致しました。其処で之に対しては何等かの形式で答礼を致し度いと思ふて居ります。いや、必ず致す積りであります。閣下が此度御帰国なされたならば、何れ当路の方々や有力な民間の人々にもお会ひになるでありませうから、此親善人形の効果が日本に於て頗る顕著であつたと云ふことを御伝へ願ひます……(70)

これに対してマクベーは、いまの話と自分の感想を大統領に伝えることを約束したほか、日本側の答礼について次のように話している。

（答礼は）御急ぎにならぬ方がよいと存じます。日本ではまだ人形の事が話題なつて居りますから、答礼して此問題を早く終らしてしもうのはよろしくないと思はれます。出来るだけ此興味を長びかせる為、来年位がよからうかと思はれます。私も此方へ帰つて参りましたなら、何かと御相談に与りませう(71)。

一九三〇（昭和五）年頃までは、日米両国首脳の間には、悪化した両国の関係を是正したいとの意向がまだ強く働いていた。とくに日本側の政府・外交当局としては、対米協調の基本路線は一貫した姿勢であった。その延長線上で実施された人形交流に、日米両政府が外交上の意味をある程度認めていたと思われる。

2　答礼方法の決定

四月二一日渋沢事務所で行われた会合では、答礼の方法が検討された。出席者は渋沢の懇請で阪谷芳郎、添田寿一、頭本元貞の日米関係委員会の主要メンバーと文部省から関屋普通学務局長以下、菊池豊三郎同課長、佐々木豊冶郎の三人、外務省・日米協会等の関係者であった。

阪谷が座長となり、関屋の説明で会議は進み、参考書として人形の返礼にかんするギューリックの渋沢宛書簡（二月一〇日付）の抜粋が配布された。その正確な内容はわからないが、同書簡は、大阪毎日新聞社特派員より同新聞社主催で日本からの返礼の人形使節を企画したいという相談を受けたが、その場合は一新聞社の独占ではなく日本国際児童親善会が主催し、これに各新聞社が協力する体制を作るよう、暗に渋沢に求める手紙であった。相談の際、記者に語ったギューリック自身の返礼にかんする考えが書簡には記されているので、おそらくその内容の抜粋を資料として配布したのであろう。

ギューリックは、「日本から米国に人形を送る事は、先に米国より日本に送りし事の模倣」にすぎないとして、二つの案を提案している。

(a)生徒自身が日本の児童生活、家庭に於ける事物、雛の節句など、その他日本に於ける生活を描写した作品を集めたアルバムを一校二冊ほど送り、アメリカの子供に配布し、それを受け取った子供はアメリカと日本の親善に関する小文を書く。

(b)日本の小学校からびっくり箱（surprise backage）か友情袋（friendship bag）を送る。この袋のなかにはアメリカの児童に配布する贈り物の絵画や、その他高価でない物を入れ、一校に一個、配るようにする(72)。

会議では、「一応答礼トシテハ受領学校ヨリ、領収証・礼状・生徒ノ作品ヲ寄贈者ニ発送済」であることをふまえて、以下のことが決定された。

一、更ニ答礼ノ方法トシテハ

1. 受領学校ヨリ生徒ノ各種作品ヲ寄贈者ニ送付スル案

2. 人形ヲ寄贈者毎ニ送付スル案　奈良人形カ　京人形カ　東京ニ於テ製作スル現代人形カ　人形ハ米国ノ夫レニ劣ラサルモノニナルベキコト

3. 寄贈者所在地ノ地方毎ニ送付スルノ案

4. 米各州ニ二《ママ》個ツ、トシテ発送スルノ案　外ニミス・ジャパンヲ特製シテ団長トスルコト(73)

そして、それぞれの案について協議の結果、おおよそ「4. 米各州ニ一個ノ割合ニテ寄送スルノ案」を決め、その人形の種類・衣服等は「文部省ニテ立案」することになったという。

その後、渋沢は外務省を訪問、答礼の方法を打合せたあと、五月一八日文部省で行われた日本国際児童親善会協議会で関屋普通学務局長等と協議し、原案通りに決定、取り扱いを文部省に委任し、その年のクリスマスに「答礼人形」を贈る旨を決定する。

それは照宮の下賜金による「代表人形」をはじめとする答礼人形を製作し、「各府県ヨリ其ノ代表トシテ人形一個以上ヲ米国ニ送ルコト」「各府県ノ代表人形ニハ夫々其ノ府県名ヲ附スルコト」(74)であった。

3　答礼人形の製作事情

■女児による募金

答礼人形とは、代表人形倭日出子をはじめとし当時の六大都市（東京市、京都市、大阪市、神戸市、名古屋市、横浜市）、各府県および四外地（朝鮮、台湾、樺太、関東州）の代表となった五八体の市松人形をさす。

ちなみに、市松人形とは、『守貞漫稿』（嘉永六〈一八五三〉年頃）によると、江戸時代の元文（一七三六～一七四二）頃に美男俳優佐野川市松というものがいて、これを模した人形が流行したことからその名がついたという。なお、市松人形とは京阪での呼び名であり、江戸では、ただ人形といえばこれをさすほど一般的な人形であった。つまり、江戸時代からふだん少女たちが愛玩するもっともポピュラーな人形であり、アメリカへの答礼使節として日本を代表させるのにふさわしい人形であった。

日本国際児童親善会が発行したパンフレット「答礼の使者として米国へ人形を送りませう」には「どんな人形を送るか、又幾つ送るか」について、次のように記されている。

（まず人形は壊れにくいものが必要だとした後）最も美術的でなくてはならぬと思ひます。我が日本が、世界に名声を博した一つの有力な原因は、美術の国といふ点ですから。……随つて人形は特別に注文して、十分丈夫に、十分美術的に作らせなくてはなりません。その着物の如きも、実は、皆様の手で造つて頂いた方が遥に趣味深いものになるのですが、それには聊時日が足らないやうに思はれます。ですからそこは衣裳専門の技術家にお任せあつて、その上充分皆様の御希望に添ふやうな着物を調製された方がよりよき早道かとも存します。

機械化が進み大量生産が可能であったアメリカの人形に比べ、日本人形は職人の熟練された技術が人形製作に大きく作用する。このような日本人形の特質からいっても、アメリカと同程度の数の日本人形を揃えることは難しかった。しかも、ギューリックからはアメリカで多数の人形を分配することは困難という趣旨の危惧が寄せられていた(75)。そのため日本側は、量よりも質を重視する。厳選された人形師によって製作された答礼人形は、何よりも美術的水準が高いということが重視されたのである。

又米国から来た人形の数は、一万一千以上にのぼりましたが、今若しそれだけの数を日本から送る事になりますと、とても短い日数では間に合ひかねる事情もあります。

その多数の製作を忙いだが為に却つて杜撰なものを造り上げますより寧ろその数を少くして巧緻典雅な人形を代表的に渡米させた方が遥に日本人らしい方法かと思ひます(76)。

そこで五〇体を作って、各府県の代表としてアメリカの四八州と一地方(コロンビア地方)に送り、一個は予備とする。人形は手足が動く三つ折れにして、二尺五寸以上、「全部木彫にして之を塗る。値は一五〇円ぐらい」としている。

九月一〇日までに答礼人形ができ上がり、一旦各府県に送付し、それぞれ送別会・展覧会をして一〇月下旬までに東京に集め、一一月三日の明治節に全国的な展覧会・送別会を東京市で開き、クリスマスまでにアメリカに人形を送る。そして、その経費は友情人形の配付を受けた女子の募金でまかなう計画であった。

先の「答礼の使者として米国へ人形を送りませう」には、「各小学校や幼稚園では何をするのか」について、次のように記されている。

米国からかはゝい使者を迎へた小学校及び幼稚園では次のやうな仕事をして頂きたいのです。
一、女児はめいめい一銭づゝお金を出し合わせること。
「塵も積れば山となる。」と申します。皆さんめいめいから出して頂く一銭の金が集まって答礼の使命を帯びた人形の代金とも旅費ともなるのです。かうして頂ければ人形が出来るのも、人形を送るのも、全部皆さんの力によつて出来るのです。決して職人が人形を作るのでもなく、日本国際児童親善会が送るのでもありません。

付記 学校長及幼稚園長は、右児童の金銭醵出に際し、決して強制的にならぬやう御注意下さい。尚児童の醵金は学校長及幼稚園長之を取り纏め、各道府県の取扱者に御送付あるやう御願ひ致します。

一銭募金に参加した女子は、昭和二（一九二七）年五月一八日の日本国際児童親善会協議会の記録(77)から、約二六九万人前後と推定される。しかし、この数字は、全人形配付校の児童数から男女比を対等と考えて、単純に二で割ったものである。

その内訳は、人形寄贈を受けた小学校幼稚園を一万七五九校として、学級数を平均一〇、その一学級の児童数を五〇人として、一校当たりの児童数を五〇〇人と仮定する。その内の半数が女子なので二五〇人、一人一銭の募金を集めるとすれば二万六九〇九円という募金が見込める計算であった。そこから雑費や展覧会などの諸経費を差し引き、人形製作費を一万七五〇〇円として五〇個分を割り、一体当たり三五〇円という経費が算出される。もっとも文部省のいう約二万七〇〇〇円は計算上のことであり、実際はこれだけの募金は集まらないだろうと予想していた。その際は「不足分金中相当額ヲ外務省」が負担し、残りを日米関係委員会の補助を受けたい、と文部省は渋沢に要請している(78)。人形計画の成功には、日本の政財界に幅広い人脈をもち、しかも財力のある渋沢の存在が不可欠であった。

当時の日本経済は、第一次世界大戦後の反動恐慌や関東大震災によって大打撃を受け不況に喘ぎ、三月には金融恐慌をむかえ預金者の取りつけ騒ぎと銀行の休業という混乱の最中であった。失業者数が四〜五％をかぞえ、東北地方の辺地農村では慢性的な欠食状態が続いていたという。しかし、女児による募金は予想を超え二万九〇〇〇円ほど集まり、経費はすべて募金だけで賄われた。

その理由として、友情人形への社会的な関心の高さとともに、歓迎会には男子も参加していることや配付校を中心に近隣の学校が合同で歓迎会を催したことをはじめ、人形交流の参加者が広範囲にわたり募金者のすそ野を広げていたことなどが考えられる。だがなによりも「決して強制にならぬように」とはいいながら、文部省から県へ、そして各小学校へと通達されたため、現場の関係者も無下にすることもできず、目標額を意識して校長をはじめ教員も寄付をしたことや返礼は当然という雰囲気もあり、保護者も積極的に募金に応じたことが最大の理由であろう。

たとえば、当時小学校へ勤務していた次のような教員の話を、武田は紹介している。

あの頃、農村の子どもたちは、普段はこずかいなどなにももらえませんでした。お祭のとき、やっと一銭。さんざんねだって二銭くらいでした。一銭だとおまんじゅうが二個くらい買えました。お金は大事なものでした。しかしよそから贈られたものに返礼は当然の礼儀だからと、村の父兄から一銭醵金に反対はありませんでした(79)。

また、前出の長野県の当時小学校四年の人は、次のように話す。

その後答礼ということで日本から人形を贈ったときは、子どもたちは当時のお金で一銭ずつ出しました。先生たちは、たぶん二十銭か三十銭ぐらいだされたのでしょう、お金を寄附しました。子どもたちだけで、五円二十銭ぐらいにはなったのでしょう。当時の大鹿村でいちばんお金を取っていた人で一日一円といえば最高だったでしょう。ふつうの労働者で五十銭ぐらいでした。その時分の日本のかなりいい人形で、三円か四円すればすばらしいものがあったと思います(80)。

外務省があらかじめ準備していた補助金三五〇〇円は不必要になり、それは「米国ノ人形発送先へ送付スルパンフレット壱万七千冊」へと転用されている(81)。

■人形の価格と製作

答礼人形の一体分の標準価格は、凡そ三五〇円（人形一五〇円、衣装一五〇円、持ち物五〇円）という見積りであった。当時、一般的に流通していた人形の価格を推定するものとして、市松人形は「極優秀なものだと七、八〇円までもありますが、一般には、一円位から五、六円という所が最も出ます」（三越玩具部談）(82)、という記事がある。一九二七年上半期の内閣統計局調の職工賃金手当賞与額の男工の平均額は、日給二円五五銭八厘であった。仮に、月二五日就労として月収六三円九五銭である(83)。しかも、都市部と地方では現金収入も格段の違いがあったであろう。

外国への人形使節として可能な限りの高水準の人形をと考えた関係者の意図がそこにあったとしても、人形一体一五〇円、総額三五〇円という人形がいかに高価であったかがわかる。

日本国際児童親善会の委任を受けた文部省は、七月東京百貨店協会（松坂屋、白木屋、松屋、三越、高島屋）に「答礼人形」製作の注文を出し、百貨店協会は、照宮の下賜金による代表人形と六大都市の主要な七体を京都、その他の各府県植民地の分五一体を東京雛人形卸商組合に依頼している。前述のパンフレットでは、全部木彫で二尺五寸以上、アメリカの四八州と一地方（コロンビア地方）と予備で五〇体という予定だったが、実際の答礼人形は二尺七寸（約八一センチ）、京都製が木彫で、東京製はある程度量産できる桐塑製の計五八体である。

答礼人形の数が予定より多くなったのは、募金が予想を超えて集まり人形製作費に余裕ができたこと(84)、実際注文をだしてみると手間のかかる木彫胡粉塗の人形を三カ月間で五〇体も製作することが困難であることがわかった、という二つの理由によるのかもしれない。そこで斡旋を請負った東京百貨店協会は、主要な七体だけは予定通り伝統のある京都に木彫で注文を出し、その他五一体を市松人形製作がさかんで、かつ職人も多い東京の東京雛人形卸商組合に桐塑で製作するように注文したのであろう。

ここで少し日本人形のことを説明しておこう。桐塑は、まず頭・手・足・胴などに分けて木彫で原型を作り、松脂を加熱して溶かしたもののなかに埋め込んで凹型を作る。それに桐などのおが屑に正麩糊をまぜて練りこんだものを詰めて原型を写し取り、型からはずし（型抜き）、それを乾燥させたものが「生地」、職人用語で通称「ヌキ」、すなわち桐塑である。一つの原型から多くの桐塑製の型ができるために、同じ姿の人形を数多く作る時に用いられる。桐塑製の人形は木彫のものより軽く子供が抱きかかえるのに適している、という利点もある。ちなみに桐塑という呼称は、一九三八（昭和一三）年に業界内でそれまで定まった名称がなかったために取り決めたもので、まだ答礼人形製作時には一般化されていない語である。

京都製が木彫で手間がかかるという意味は、原型を一体一体木彫りで作る一品製作だからである。したがって、型抜きされた桐塑より木彫の原型は胡粉を塗るまでに一手間かかり、かつ後々原型の素材である木（この場合は脂が少なく、加工しやすい桐がよく使用される）が収縮することで表面の胡粉層に負担をかけ亀裂がでないように、素材を精査する必要があり、材料費を含め、より高価でもある。

東京製の答礼人形が一つの型から作られた兄弟といえるならば、京都製はいわば生まれを異にする、別々の人形たちである。もっとも各道府県代表の五一体が同じ原型から作られているといっても、そこ

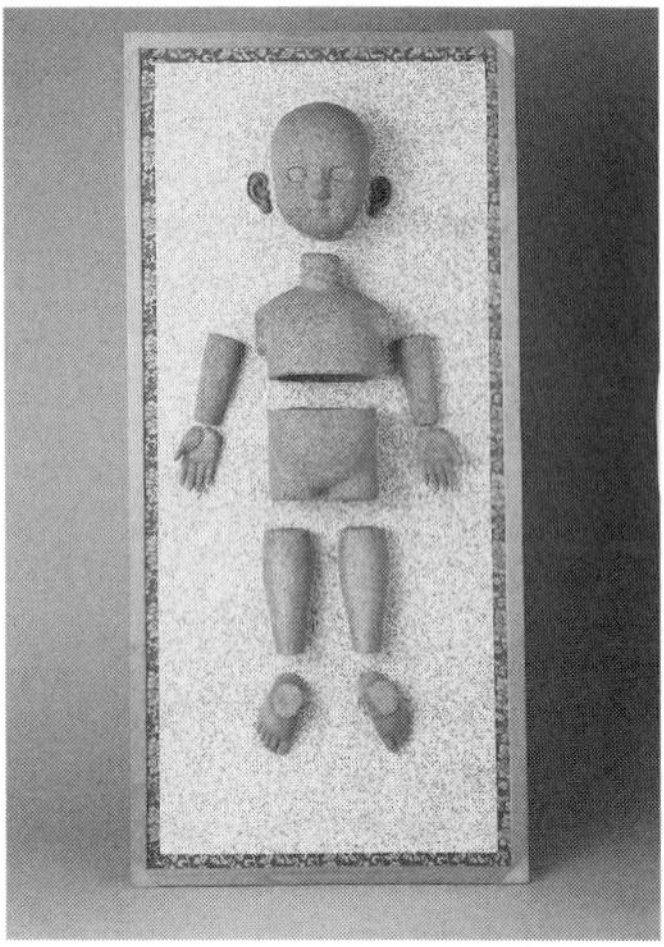
桐塑製の人形

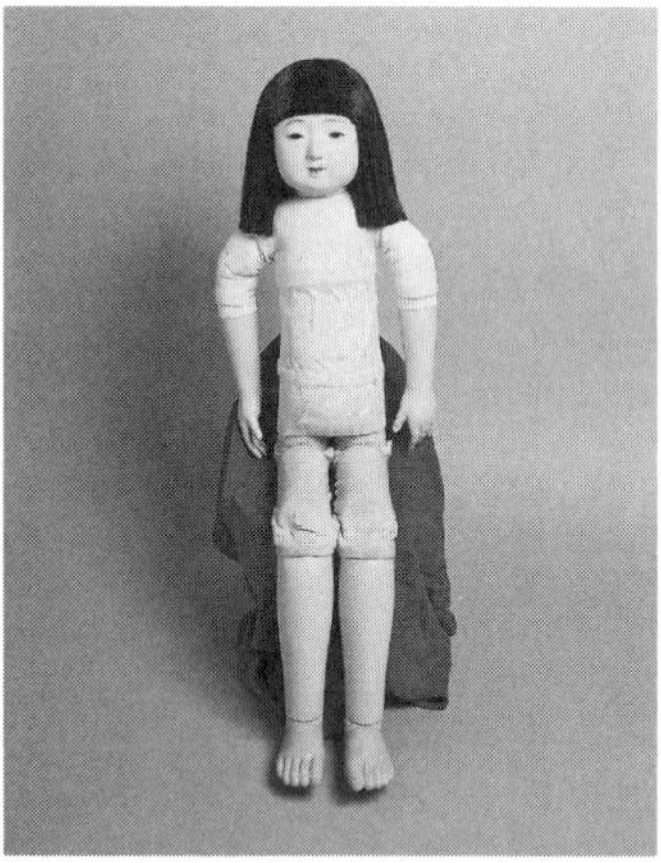
市松人形の完成

頭の原型

頭の原型の型抜き

型抜きされた桐塑

頭の製作過程①

頭の製作過程②

東京製の腹部に入る鞴式の笛

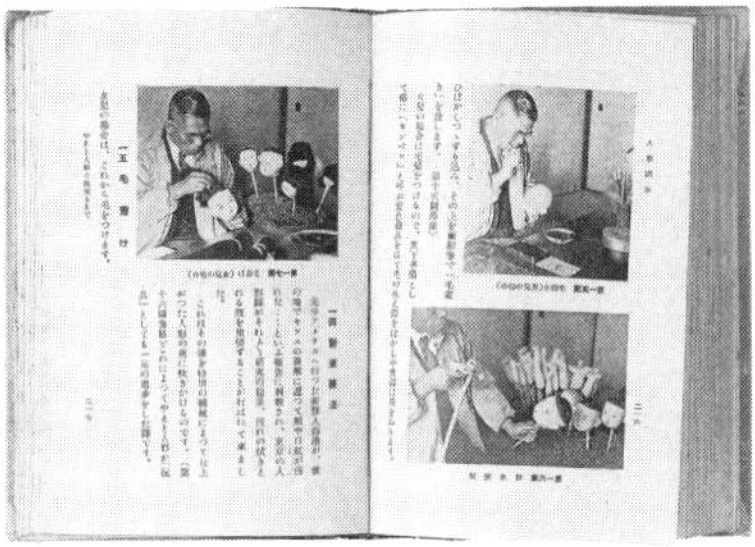

「やまと人形のできるまで」（『人形読本』より）

には胡粉塗をはじめ各々の職人の技が反映され、独自の人形に仕上げられていることはいうまでもない。

■人形の構造と完成

東京製の市松人形作りを人形師の話をもとにまとめ、私の見解を少し付け加えて、答礼人形が作られた工程を推測すると、およそ次のようになる(85)。

人形師は桐塑や木彫の原型に膠（動物や魚類の骨や皮などから作ったゼラチン）をまぜた胡粉（貝殻を焼いて粉末にした白色顔料）を何回も塗り重ねて仕上げる。まず原型に眼球を取りつけ、地塗り・中塗り・上塗りという工程を繰り返す。

江戸時代後期から、目はガラス玉を

目の形に切り出し白黒の胡粉と墨で描いた玉眼を使用していたが、答礼人形には人間用の義眼を小さくしたものが用いられている。これは人形に義眼を使用する転換期を示す資料としても興味深く、余談だが、少なくとも昭和二年の段階では高級な市松人形の目の素材にはすでに義眼が使用されているのがわかるために、人形の製作年代を特定するための判断基準の一つとなる。

地塗りでは「置き上げ」と称して、目や鼻・唇など濃い胡粉等で盛り上げるが、これは単なる塗装ではなく、胡粉で形を整えるという意味もある。「置き上げ」のできたものに小刀で彫りを入れ、形を整える。原型が荒彫りであるために、これにより細密な彫刻となる。

でき上がった骨格に中塗り用の胡粉を塗り、固く絞った木綿の布で強く拭き、全身の肌の凹凸を平らにして、細部は木賊や紙やすりをかける。人形の顔立ちの良し悪しは目の形や位置が大きな影響を受ける。地塗り・中塗りで厚く塗りつぶした目を小刀で切り出し、目を切り開き、開眼する。筆で描いてもむずかしいといわれる目つきを小刀で切り開くのだから、ここは人形師の技の見せ所である。そして細部に最後の仕上げを施す。

上塗りは、胡粉を究極の美しさに仕上げる作業である。胡粉も膠も精製されたものを使い、濃度に細心の注意を払うという。地塗り・中塗りでは「正確に計量さえすれば、容易に胡粉を調整すること」ができるが、上塗りは「計量だけでは解決できない」「勘だけが頼り」の世界であり、「味覚が究極の勘であるように、美しい上塗りの胡粉」も同じだという(86)。その後唇を彩色するなど面相を仕上げ、髪をつけ、手足は縮緬で取りつけ、腿や上腕にあたる部分は針金を用いて胴体に接合する。もっとも子供が抱きかかえることを目的として作られる市松人形は、あまり大きなものは適さないため市販では二尺七寸という寸法は、ほとんど作られない。量産される桐塑製では前例がなかったらしく、高さをだすためなのかだろうか、大腿部に木を使用し、それを蝶番で接合し、さらに市松人形特有の足がぶらぶらとした感じをだすために前面と左右をゴム紐で吊っている。このような構造上の無理があるため、答礼人形の多くが足を傷めているのかもしれない。

首の取りつけは二つの方法があるというが、答礼人形は、原型の時に取りつけた木片に麻紐を木釘に膠を付けて打ち込み、紐の下端を頸の穴に通し、腹内へ木釘でとめていると考えられる。次の胸部と腹部の中間に鞴式の笛を仕込み、お腹を押すと泣く仕掛けとする。最後に胴紙と称する和紙を巻きつけ作者の印や署名をする。

これらの工程には胡粉と膠の配合の妙技をはじめ、長年にわたり伝承されてきた人形師の技が問われる。こうしてそれぞれ個性のある人形に仕上がるのだ。

当時市松人形製作者の中心的存在であった瀧澤光龍斎（二代）が、原型を彫り、それをもとに生地師小林岩四郎が、二〇〇体ほどの生地（桐塑）を作った。これらを答礼人形の製作を希望する東京の各人形師に配り、彼らは胡粉を塗り、顔面などの細部にまで入念に小刀を入れるなど、全力を傾けてその腕を競いあったという。

■人形の選別と製作者

東京雛人形卸商組合は東京百貨店協会からの注文に対し、「急遽役員会を開催し木原善太郎、山田徳兵衛（吉徳）の正副組長自ら陣頭に立つべく、横山正三（久月）、市原長太郎、成舞平兵衛等の五氏を専任委員」に任命し、これらの五氏が完成のために「最善の奉仕を期待し」尽力したという。吉徳・久月という主要な問屋を含めて業界の幹部が集合し、出入りの問屋にとらわれず人形師が腕を振るえる環境を業界あげて整えたのであろう。まさに、この人形製作は、東京の人形界あげての威信をかけた仕事であり、人形師たちも初めて立つ檜舞台であった。そしてここには、東京雛人形製作組合長瀧澤豊太郎（光龍斎）をはじめとする人形師の努力が陰にあったのである(87)。

一月二八日、製作組合は、友情人形が到着する前に文部省を訪問をして人形歓迎会等への協力を申しいれ、二月五日には再度職業上の見地から「米国人形歓迎会には業者として相当の方法を取る可き事である」として文部省に協力を申しいれる。同省の菊池課長は「私的商業団体は之に参加せしめざる方針」だが、歓迎会の壇上に「雛や人形を貸してもらい」「組合の諸氏に何分の御援助」を願いたい、その場合はどこに連絡すればよいのか、と尋ねるので、光龍斉は雛人形卸商組合の連絡先を伝えたという。それが実り卸商組合と製作組合に歓迎会の壇上装置係りの依頼がきて、一般の私的団体は「絶対に参加」させないという方針にもかかわらず、東京の卸商組合と製作組合各一名が正賓として招待されたのである。なお、徳義上「先番者」として卸商組合を立てたことを光龍斉は各会員に断っている。

たしかに渋沢史料館所蔵の「人形歓迎係員」の名簿には「檀上装置係　東京人形卸商組合及東京雛人

形製造組合委員　六名」と記されている。大正天皇が亡くなり諒闇中で節句行事の自粛が叫ばれるなか、職人と問屋が力をあわせ、一致団結して友情人形歓迎会を盛りあげることに尽力したことが伝わるエピソードである。

やがて、百に余る作品が完成し、東京製の答礼人形五一体が選別された(88)。もっともこれはコンクール形式で順位を決めたのではなく、当時人形等の仕入れを担当していた百貨店関係者が中心となり選別したと推測される(89)。

> 用意一切を引受けた東京百貨店組合では東京、京都の各人形製作組合に割当てその製作を急いでいたところ、その殆ど出来上がり来る五日浅草橋茅町東京人形組合で審査する運びになつた。……百に余る作品中から、その日審査員文部省関屋局長や高島屋麦谷作松氏外百貨店員によつて良いものを五十八《ママ》個選ばれるのである(90)。

一方、京都に依頼された人形は、京都府学務課の斡旋で江戸時代中期の創業といわれる老舗丸平大木人形店が一手に引き受けている。八月いっぱいにはでき上がったらしく、九月一日から同店のショーウインドーに人形七体が陳列されている。その衣裳や道具には、家紋のかわりに六大都市のマークが入っていた(91)。

京都製の答礼人形は表情が丸みをおびた、柔和で、雅な京人形の風情を漂わせている。またすべて扇を手にもつように右手を握る、ちょうど指で丸を作っている形になっていて、手の作りを見れば京都製か東京製か写真でも判別がつくが、後述するようにアメリカでは、この右手が思わぬ波紋を呼ぶことになる。

『東京玩具商報』一八九号は、答礼人形の製作者として「光龍斎、郷陽、松乾斎、錦正、徳久、龍壽、秀徳、松月、東光斉、光幸、玉翠、松亭」の一二名の号をあげている。しかし、その半数以上は現在作者名を特定できない。作者の号は、この時にあわててつけたものもあったのであろうか。なお、製作者には、主として五月人形作りにたずさわり、平生は市松人形をあまり作らなかった平田郷陽（後の人間国宝）も参加するなど、はばひろく人材を登用している。ちなみに答礼人形の採用数は市松人形師の光龍斎、続いて岩村松乾斎のものが多いが、いわゆる「生人形」（まるで生きている人のように作られた人形）師を父にもつ郷陽は、父親譲りの写実性を加味した答礼人形を作り、業界に大きな衝撃を与えた。また、若き郷陽にとっては、後に、郷陽風が流行し、昭和初期の市松人形の表情に大きな影響を与える。これが人形師から脱皮して芸術家への道を志す一つの契機ともなったのである。

答礼人形を実際に作ったのは人形師であり、その製作を請け負ったのは大木人形店と東京雛人形卸商組合だが、発注をはじめ、規格の決定や選別など、全体の監修にあたったのは東京百貨店協会であった。当時の百貨店の仕入れ部は日本人形に熟知した担当者を抱えていたため、おそらく高島屋が中心となり、答礼人形作りが進められたのであろう(92)。

「人形の衣裳は百貨店協会の委任を受けて専ら高島屋呉服店」が担当し、「同店は独創的考案図を応用した」衣裳を製作し、それに遠藤波津子が着付けをし、白羽二重の足袋、長持、鏡台、下駄、傘、草履など人形にふさわしい品々を取りそろえる(93)など世間の注目のなか、答礼人形が完成するのである。

こうして九月上旬には、これら五八体の人形ができ上がり、代表人形は渋沢が「倭日出子」と命名し、各府県の人形は東京花子、長崎瓊子、筑波かすみ、日光幸子など、それぞれ出身地にちなんだ名前がつけられ、関東州・朝鮮など遠方の一部の地域をのぞいて各地で華々しく披露された(94)。後に地方ブロック別に東京の百貨店などの八会場で展示された。

4　答礼人形とアメリカ

一一月四日明治神宮外苑の日本青年館で、皇族をはじめ、文部大臣、外務大臣、アメリカ大使ほか、二千人の日米の少女が集まる。当日のプログラム（横浜人形の家所蔵）によれば、次のような順序で盛大な送別会が開かれた。

答礼人形送別会次第

司会者文部次官　粟屋謙

一、開会

二、国家合唱　全員（起立）

イ　国家（君か代）

ロ　米国々歌（The Star-Spangled Banner）
三、経過報告　　　　　　　文部省普通学務局長　武部欽一
四、日本児童の送別の辞　松本昌子嬢
五、米国児童挨拶　　　　ベッティ、ジョーゲンソン嬢
六、人形送別の歌　　　　日米児童全員
七、来賓の御挨拶　　　　子爵　渋沢栄一閣下
　　　　　　　　　　　　米国大使　チャールス　マックベー閣下
八、奏楽　　　　　　　　陸軍戸山学校軍楽隊
九、閉会
　　附　活動写真

『東京朝日新聞』（昭和二年一一月五日）は、「海を越えてはるばると　可愛いい答礼使を送る渋沢さんの眼にも涙が光つた　けふお人形の送別会」と報道している。そして一一月一〇日午後二時五八体の「答礼人形」は、前普通学務局長関屋龍吉、佐々木豊次郎文部省属の付添いのもとに天洋丸に乗り、出発した。東京・横浜の小学生約二千五百人が見送るなか、代表人形倭日出子が甲板に立ち、見送りの人たちと別れを惜しんだという。

関屋は文部大臣の交代で文部省を休職し、海外視察にでかけることになり、「関屋氏の洋行ニ託し、

日本人形を答礼として持参を請う」(95)という渋沢の希望を受けて、答礼人形に付き添うことになった。渋沢は関屋に洋行費として千円、また同行する佐々木に餞別として二百円を援助している(96)。

一九日ハワイ、二五日にはサンフランシスコに入港し、在米日本人たちに熱烈な歓迎を受ける。それについて関屋は、一九二八(昭和三)年に、次のように回想している。

人形なぞは左程珍しくも思はぬだろうと思つていた私の予想を裏切つて、丁度、我子が遥々遠き海路を渡つて訪ねて来たかの如く、異常な歓喜を以て迎へたことであつた。
実は始めはカリホルニアは素通りするつもりで居つた所、彼の地在留邦人が「どうしても寄つて呉れ、なつかしいお人形を一目でも見たい」と云う切なる希望を申出られたので、都合して、一寸立寄ることにしたのである。処が、移住してから三十年も四十年も経つ人達が、異口同音に「移住以来こんな嬉しいことはない。」と云つて、代表人形だけ見せて済ませようとすると私に向つて、どうしても、各府県別の人形を見せて呉れとせがんで聴かない。とうとう其の誠意にほだされて、予定以外に二日間も公開展覧したが、みんなは、それぞれ出身府県の人形の品評で大騒ぎであつた。桑港で展覧会をやつた時など、三日も前から五十里の遠きを厭はず、遥々とやつて来た人達もあつた位。又ロサンジエルスでは展覧会が狭かつたため、入口から三丁も行列が続くという素晴らしい人気だつた(97)。

答礼人形は二手にわかれてニューヨークに向かい、四一体は船でパナマ運河を経由し、残り一七体は関屋などに連れられ各地で歓迎式に出席しながら陸路東回りで移動した。その際、荷解き、荷造りを繰り返した結果、混乱が生じたという。その理由は、人形そのものには出身県別の名前が記されておらず、収納や展示の際に出身県別の名札をつけた台と人形が別々になるなど混乱があり、正確な名前がわからなくなってしまったのである(98)。これ以降も、人形の取り違えは相当あったようで、現在も混乱は続いている。そこで高岡美智子などが中心となり、各府県代表人形の正確な名前を解明するための調査が精力的に行われている(99)。

この答礼人形のもっとも大きな役割は、国際的な立場から日本人形が日本の伝統文化を代表するものだということを人々に知らしめたことであろう。と同時に、人形も日米の生活習慣の違いによるさまざまな問題に遭遇することになる。

たとえば、十世山田徳兵衛は、『東京玩具商報』三〇〇号に「答礼人形の指」という一文を寄せている。アメリカでの歓迎会の忙しさと不慣れな人が人形を取り扱うために、京都製の答礼人形の右手に扇をもたせることを忘れることが多くなった。「……この右手は扇を持たぬと丁度指で丸を作つている形になつているが……日本では金銭を意味するから景気のよいわけだが、あちらでは婦人が顔を背ける形だそうな。人形の世話役に行かれた文部省の関屋前局長が歓迎会の毎、此の点に随分神経を悩ましたそうだ。将来共、外国行きの人形を扱う場合注意すべきことだとおもう。」答礼人形に同行した佐々木豊治郎保管の写真を見ても、歓迎会の席で「ミス横浜」の右手に花をもたせている姿が、この間の事情をよく物語っている。

また、このような例に限らず、国家的な使節として日本人形が海を渡ることで、思いもかけなかった出来事が日本人形をおそった。たとえば、アメリカの人々はその感動を態度で表現する。初めて見る日本人形に驚き、人形を抱いて頬ずりをしたり、キスをするなどアメリカ流の歓迎を繰り返したが、これが胡粉仕上げの日本人形の肌を傷めてしまう。

胡粉で仕上げられた日本人形の肌は、キスには殊のほか弱かった。そして、これをきっかけとして日本人形の改良が試みられ、さまざまな研究が行われる。その結果、一九三三（昭和八）年には、キスをされても痛まない樹脂系の新塗料の吹きつけが発明されている。また、西洋式の椅子に容易に座ることができなかった人形の関節を改良したジョイントも考案された（『東京朝日新聞』一九三三年二月二一日）。

扇の代わりに右手に花をさしている「ミス横浜」

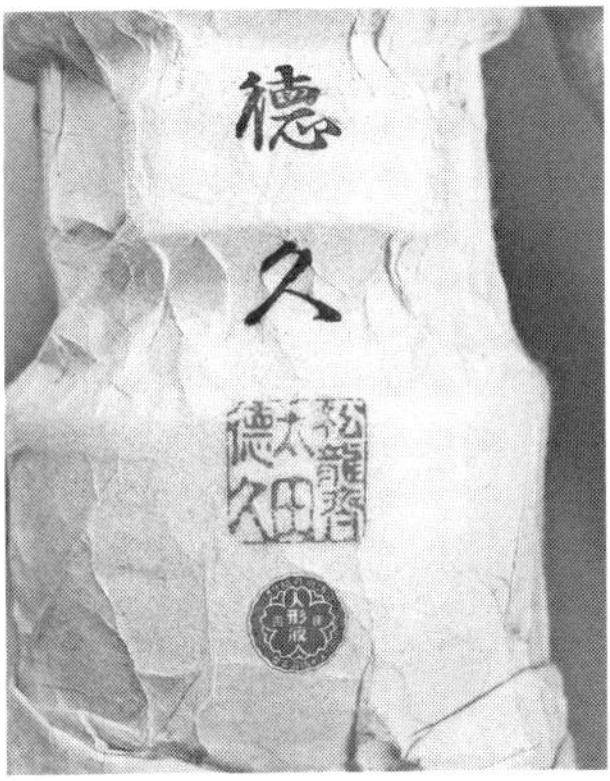

新塗料の使用を示すマーク

そして、日本人形研究会などを中心として、人形の国際的な使命を果たすためにどのような人形が理想的かという議論が盛んになる。

このような摩擦に遭遇しながら、答礼人形は日本ほどではないがアメリカ各地で歓迎された。一二月二七日ワシントンで、答礼人形をまじえての松平恒雄大使夫妻や国務長官夫妻の午餐会、お茶の会が開かれ、二七日にはナショナル・シアターで公式歓迎会が開かれ、松平の令嬢からデービス労働長官令嬢へ代表人形が手渡された。松平に続いて挨拶に立ったデービス労働長官は、次のように述べている。

近代科学は此れが実現の為めに多く貢献する処があつたと思ふ。電信・海底電話、而して今やラヂオ・活動写真、最後に飛行機の長距離飛行……吾等は世界の人達が従来お互を知つて居たより以上に、今日ではお互を知り合つて居る。吾等はお互に知り合つて居る許りではなく猶ほ益知つて行き度いと思つて居る。就中吾等は他国民が好きになり度い、又彼等から好かれ度いと思つて居るのである。今回の企の中で一番結構な事は、それが政府と政府との間に故意に行はれた機械的な行為ではないと云ふ事である。それは両国民自らの良き感情から出た自然の流れなのである。此の真に結構な新しい感情の流露の為に役立つべき新しい外交が生れ出やうとして居る(100)。

これは外務省から渋沢に送られた英文の翻訳だが、史料の片隅に「何等ノ方法ニヨリ斯ノ如キ親切ニシテ情意厚キ文章ヲ世間ニ広クスル工夫ナキヤ一考ヲ切望ス　栄一」の書き込みがある。渋沢も我が意を得た挨拶であったのであろう。

その後教育部長のアメリカの子供を代表した挨拶、前イタリア大使の詩の朗読、人形歓迎歌の合唱に続き、渋沢も出演した「人形歓迎情況ヲ影写セル文部省作製活動写真」の上映などで閉会したが、「大統領タフト氏夫人・ウイルソン氏夫人・商務長官・海軍長官・労働長官・農務長官ノ夫人ヲ始メトシ、其他来会者千数百名ニ及ヒ盛会ヲ極メタリ」と松平は報告している(101)。翌日のニューヨークでも、オートバイの先導で車に乗り賓客なみの厚遇を受け、歓迎会の後、人形はデパートに展示されたという。

松平は外務大臣田中義一に、「何レモ本件催シノ趣旨及人形ノ出来栄ヲ激賞シ各新聞亦本件ニ関スル記事ヲ掲載シ一般ニ多大ノ興味ト好感ヲ喚起セル様見受ケラレタリ」(102)とワシントン・ニューヨークの一連の歓迎会の模様を報告している。もっとも日本の新聞記者のなかには異論があった者もいたらしく、『東京朝日新聞』(一九二七年一二月三〇日)は「泣き出しそうな　お人形さん　ニユーヨークの歓迎会は　ほんの形式ばかり」と報じている。市長の挨拶などもあったが、参列者は百名たらずで「東京や横浜があの通り大騒ぎしたこと」を考えるとみじめなほど寂しかったという。日本ほどの大騒ぎではないことが、特派員の目にはものたりなかったのであろう。

それはともかく、答礼人形はアメリカ巡回中の五四日間に公式歓迎会だけでも五三回をかぞえ、その後各州の美術館等に保管されたのである(103)。こうして国際関係史上あまり例をみない大規模、かつ、ユニークな人形交流が成立した。

ギューリックは在米臨時代理大使の澤田節蔵に、

米国各地ニ於ケル日本答礼人形ノ人気ハ予想以上ニ旺盛ニシテ各州大小都市ヨリ之カ展覧会ヲ熱望シ来ルモノ殆ント競争ノ状況ニテ結局四百余ノ都市ニ於テ六百余回ノ「レセプション」ヲ催シタルカ（何れも好結果をあげて関係者も満足至極である、人形に損傷がでたのは遺憾だが）今次人形ノ交換カ両国ノ親善ニ貢献シタルコト少カラス頗ル本懐ノ至リニ堪ヘス(104)

と述べたという。

一方、すでに見たように日本では「子供」と「人形」と「平和使節」というイメージのもと、新聞・ラジオなどマスメディアが人形交流を好意的に、しかも過熱気味に取りあげ、「友情人形」は日本国内で熱狂的に歓迎される。これは当事者の予想をはるかに越えていたらしく、たとえば、アメリカ各総領宛の外務大臣田中義一の通信のなかにも、次のような一節を見ることができる。

要スルニ本件ハ本邦各方面ニ予想外ノ好印象ヲ与ヘ当時新聞紙等ハ何レモ之ニ関スル記事ヲ以テ賑ヒ……発起者及寄贈側ノ好意乃至本件ノ目的ヲ十分達成スルモノト認メラル(105)

以上のように、日米両国内の世論の好転という意味では、人形計画は大成功であったといえよう。ギューリックの言葉を借りれば、「満足至極」であった。そして渋沢は「両国児童の可愛らしき真情が完全に交換せられ、従来両国に存する親善が将来更に一層増進するに至るべきは、小生の疑はさる処に御座候」(106)と関係者に礼状を送っている。

政府と政府の交流という枠を越えて、人と人との交流をめざし、明日の子供たちに世界平和を託した渋沢とギューリックの夢は、ここに小さな花が咲いたのである。

第4章 人形交流への理解
■外地の日本人の反応

1 すれ違う人形計画――国家レベルでの対応

日米人形交流は、表面上は大成功を収めたかのように見えたが、子供たちの心のなかに一〇年後、二〇年後の友好関係を築くための下地を作るという人形計画の趣旨は、当時の日本人にどの程度まで浸透していたのだろうか。

友情人形と答礼人形の送りだしの様子や思い出を、当時の子供や関係者に直接取材した作家武田英子によれば、日本での人形歓迎式は大人主導の流れになるなかで、官僚的な細かい指示や事務的な処理などが続いた結果、人形交流の本来の趣旨である「子供同士の親善」「お互いを知り合うこと」から遠ざかってしまったのではないか(1)、特に答礼人形の送りだしは、友情人形を受け取った時の強烈な記憶と比べて、多くの子供たちにとって印象が薄かったようだ、と指摘している(2)。

たしかに武田の指摘にもあるように、日本から答礼人形に添えられた手紙は儀礼を重んじた美辞麗句で綴られ、アメリカの少年少女たちのような、率直な声や気持の表現には乏しい(3)。一例をあげれば、友情人形に添えられ手紙は、次のような内容である。

親しい皆様へ

私はベテー・ジーンと申します。米国コロラド州・ウエスト・バイクス・ピーク村の日曜学校のお友達のお使ひで遠いー遠いアメリカから参りました、こんなにきれいな着物をお友達がこしらへてくれました。日本の皆様にお目にかゝつたら、「アメリカの子供達がそんなものを着るのか、よく見せてあげよてーね」頼まれましたの。ベテー・ジーン(4)

日本の小学校のお友達へ

三月三日のお国の雛祭りに、何かお祝ひをしませうかつて私は受持ちの六十人の生徒たちに尋ねましたら、皆一様に「先生お人形を日本のお友達に送りしませう」と申しましたので生徒がめいめいにお小遣を出し合つてお人形を買ひましたからお送り致します。どうか皆様、可愛がつてね、そしてきれいな日本の着物をきせてやつて下さいまし、お願ひ致します。スーシル・キースリング(人形の名はアルダ)(5)

一方、シカゴの古物商から入手された横浜の小学生の手紙は、教師の指導のもとに、各学校の代表の児童が書いたと思われる、長く儀礼的な手紙が多い（横浜人形の家所蔵）。たとえば次の「横浜元町尋常高等小学校児童総代高等第二学年」の「親愛なる　アメリカの少女の皆様へ」という児童の手紙は、巻紙で、達筆で内容も力が入っている（ただし、文字間の空白は原文のまま）。

手紙を以て申し上げます
あなた方のお国と　私達の国とは広いゝ太平洋によつて西と東とに隔たつて居ります
此の遠いお国のまだお眼にかゝらぬ貴女方は　今年の春の三月の桜の花の咲き初めた頃沢山可愛いお人形を贈り下さいました。
長い航海も恙なくお人形達は横浜の港に着きました　当時私達は　よるとさはるとお人形の噂ばかりでした　きつと眼のぱつちりしたお顔の色が林檎のやうな　そして金色に輝く髪の毛の持主で美しい　愛らしいお人形さんであることを誰もゝ期待して居りました
初めて新聞に二三のお人形さんの写真が出た時　私たちは待つ妹を迎へる心持でこれを眺めました
そして想像通りの愛らしさ美しさに見惚れました
三月三日午前十一時
ミスアメリカを始めとして沢山のお人形さん達が大桟橋へ上陸しました

……此の度私だちは其御返礼として日本のお人形を私達のかわりとして旅立たせることになりました

……国がかはり風俗習慣がかはり身装言葉はかはつても人の心　人形さんの心　愛の心　にかはりはありません　必す貴方が嘗つて私だちの　ミスフラワーを歓迎したと同じ心持でご歓迎くだされ現在私どものミスフラワーをいとしがつて居ると同じに可愛がつて下されそして私共が遠き国の貴女方に対して抱いて居るお懐しさと同じに私共を思つて下さること丶信じます旅馴れぬ日本の人形が御地へ着きました節は疲れや心配で多少旅やつれがしているかも知れませんしかし貴女方のおやさしい御慈愛に依つて旅の悩みも淋しさも忘れてしまふことでせう私共は此のお人形の往来によつて貴女方と親しいお友達になりたいと思ひますたとへ直接お眼にか丶ることは出来なくとも人形の持つ心持が私達のお互に持つ心持であることを信じ合つていつまでも仲よく致しませう　それこそお互幸福であるばかりではなく双方のお国同士の幸福であり又世界の幸福の基であると思ひます
終りに臨み皆様の益々健康であることを遥にお祈りいたして居ります

もちろん送り先の子供たち一人ひとりと直接交流することを念頭において書かれた手紙と、学校を代表して教師に書かされた手紙とでは、その目的が異なっており、日本側の手紙がかしこまった儀礼的な内容となるのはある意味当然かもしれない。しかし、「一等国の人が世界の平和を考へ、こうした心を現はしていられるのは本当に文明の進んだ賜物だ」（鶴見尋常高等小学校生徒）、「お互に海をはさんでむかふとこちらから手をしつかり握りあつて仲よく暮しませう、是が旭のぼる国の少女の御願ひでございます」（西前尋常高等小学校総代）など、個人、あるいは学校単位の友情交流というよりも、日本では国と国との人形の交換と、受け取られている感があることは否めない。

日本では、文部省から県など上意下達式に各学校へ配付され、政府高官から皇室まで出席した熱烈な歓迎会などをへるうちに、国として送られてきたわけではない友情人形がアメリカからの公式な贈答行事であるかのような権威づけがなされ、いつの間にか国家レベルの交流事業のような誤解が生まれてしまったのかもしれない。

新聞報道等を見るかぎり、歓迎ムード一色につつまれた日本国内の報道からは、人形交流への批判的な声はあまり伝わってこない。しかし、大げさな歓迎会や送別会など、内心苦々しく思っていた人々も当然いたはずである。

たとえば、『時事新報』朝刊三面に掲載された「真珠貝」という投書欄には、昭和二（一九二七）年三月一三日、次のような意見が掲載されている。

人形の真相

……今回米国の人形大使派遣はそれ自身が既に答礼使として日本に贈られて来たものである……事実は斯うだ。日米親善の為と優美な日本の風俗及美術を紹介せんが為に京都の佛教新聞「中外日報」が読者から募集した約二千円を以て武者人形や雛人形を調整し、昨年四月米国に贈り、日本贔屓で有名なボストンのシヤーウッド女史が之を米国の少年少女の為に各地に展観し大なる反響を喚起した。其結果が今度の人形寄贈となったものに相違ない。

然るに……ギユーリック神学博士とかは日本の佛教徒の雛人形寄贈やシ女史の尽力には何等言及せず、お礼としての米国人形で、排日の御機嫌取をし……又お礼の礼までせしめようとするのは基督教流か米国流かはしらぬが、奇怪な遣口と云はねばならぬ。

一方又此間の事情を知らぬ多くの国民が人形歓迎に有頂天になり、答礼の算段に頭を痛めているのは笑止とも云える……（仙台萩）

人形を送るというアイデアはどちらが先か、そして友情人形は仏教徒が送った雛人形のお礼なのか、事実関係はともかく第1章で詳述したように、ギユーリックの人形計画の目的は「移民法」により悪化した日米両国の国民世論を好転させることにあった。人形交流の意義は投書者がこだわるような誰が最初に人形を贈った、贈らなかったということとは、別の次元の問題である。そこで即座に、反論が掲載される。

お人形の観方
（人形交換は意義深く対米好感の度を深めた）この時に……嫌がらせをいふのは果たして妥当な態度で

あらうか。

問題は既に人形を中心とした子供の世界のことである。故に大人と雖もやはり「お伽の世界」に遊ぶ時のやうに、子供らしい素直な夢幻的な気分で之を眺めてほしいと思ふ「何故贈られたのか」は問題ではない。可愛らしいお人形が沢山海の彼方から遥々と贈られて来た、日本の子供がそれを大騒ぎをして迎へる、そして又日本のお人形を贈らう、という此の美しい交換が何で笑止なことがあらうか。

……更に又美術外交、音楽外交等の国民外交の頻りに提唱されている今日、此のお人形問題の外交上的意義には極めて重大なるものがあろうと信ずる。されば氏の如き見解を公表してまで、育まれかけた対米好感に罅を入らせるのは少しく興醒めである。（東大セツルメント清水生）(6)

ここでは子供たちによる友情の交換という人形計画の趣旨を理解した、比較的冷静な人の声が紹介されている。答礼人形の製作についても、三五〇円という破格の値段で作ることが、人形交流の趣旨を逸脱するのではないかという、投書も寄せられている。


「答礼人形」

忘れていは不可ない、人形交換は子供の心の交換だ、亜米利加から来たものを見ると人形は普通市場にあるもので、夫れに各自の考案になる様々の衣装を着せてある、……（しかも費用は高価なものは一つもない）人形交換が大人の為めにするのではない限り米国各州へ一個計りの人形を送つて何になるか、……何故人形の単価をもつと下げて……作らないか、人形製作は商売人の手によるとするも衣装は材料丈け購入して製作は各小学校の上級生又は姉さん株たる高女、実科女学校等の生徒が作れば可い。彼等は喜んで之れをする。……（民眼協会）(7)

人形交流そのものに好意的で、そのため日本とアメリカの子供同士の交流を深めるための建設的な意見が紹介されている。しかし、友情人形が歓迎され、好意的に受けいれられたことと、ギューリックらの人形計画の理念と意図が日本人に理解されたかは、また別の問題である。

日本では「移民法」で見せたヒステリックともいえる反発を裏返したように、熱烈な歓迎ムード一色だが、共に異常な興奮につつまれているという点では同じである。このように極端に揺れるアメリカに対する日本人の複雑な意識の源泉を、人形交流を通して掘り下げることを本書は目的としている。

日本国内の反応はあまりに感情的で、画一的なものが多く、一般市民の心底にあるアメリカに対する複雑な意識は容易に表れてこない。

そこで外地、特に大連・朝鮮の在留邦人や在米日本人移民が取った人形歓迎会への反応や利用の方法、答礼人形への対応の様子など、彼らの素朴な発言や行動から、当時の日本人が人形交流をどのように理解し、受けいれてきたのかを見てみたい。

2　外地に送られた人形と台湾・樺太

台湾・樺太・朝鮮・関東州の植民地や租借地、いわゆる四外地に配布された人形の詳細は明らかではないが、渋沢史料館に残る「アメリカヨリ寄贈セラレタル人形配布ニ関スル調」の備考に「殖民地分トシテ内閣拓殖局へ三一九個」(8)という記述がある。「各府県醵出金予定額」表(9)から国内での配布数は推定されるが、植民地分は抜け落ちている。私の調査で確認される人形配布数は、台湾八三体(10)、樺太二〇体(11)、朝鮮一九三体(12)、関東州一〇体(13)の計三〇六体である。国内と同様に十数体を予備として拓殖局が保管したと仮定すれば、渋沢史料の記述から見て信頼性のある数字といえる。

ややもすると地方にいる人々は、より強く中央を意識して、辺境の地で、それが純化された形で表れることがある。外地の人々が取った人形歓迎会への反応や利用方法・無自覚な行動には、当時の日本人が人形交流をどのように理解し、受けいれてきたのかを示す、意外な事実がある。

租借地大連では、日本国内で表面化しなかった当時の国民の潜在意識を垣間見せている。また、日本が強烈な民族意識を封じることに躍起となっていた朝鮮では、大連とはまったく違った反応を見せる。そして、アメリカで排斥されながらも定住を余儀なくされていた在米日本人移民は、大連、朝鮮に共通するアメリカに対する屈折した複雑な感情を表している。

もっとも樺太は史料の乏しさに加えて、友情人形も主に日本人の小学校・幼稚園に配布されたらしく、日本国内とあまり変わった反応は見られない。

一方、台湾における友情人形の受け入れの様子を分析した游珮芸によれば、台湾文教局は「日本人と本島人の子どもや原住民の子どもをも参加させる方針」を取り、すべて日本人であるという建前で配布しているが、学校の種類や人形割り当ての比率から見ると、「当局は明らかに『内地人』の子どもを念頭にこのイベントを位置づけ」ており、本島人や原住民の子供が通う公学校や蕃童教育所への人形配布は数が少なく形式にすぎない。特に日本国内と異なるところは、幼稚園に優先的に配布されている点であり、小学校三三体に対して当時台湾全土で四五園しかなかった幼稚園に四一体が配布されているという(14)。当時台湾の幼稚園児は、教育熱心でかつ多額の保育費が負担できる家庭に限られており、一部の日本人とごく少数の台湾人資産家やインテリの家庭の子弟であった。アメリカの日本人移民排斥問題に対して比較的関心が乏しかった台湾では、内地の歓迎式に倣い素直に友情人形を迎えているが、「形式ばかりの歓迎式は本当の人形交流の真意」を伝えることはなく、「台湾総督府は、ギューリックが人形に託したメッセージを無視して、人種・社会階級によるランク付に基づき人形を配布した」(15)と、游は指摘している。

このような台湾の事例は、前章で見たように、文部省主導による儀式的な歓迎会を催し、道府県の師範学校、県庁所在地、主要な小学校、幼稚園に配布するように基準を通知した日本側の事情と基本的には同じである(16)。

しかし、日清戦争以来植民地支配が続く台湾に比べて、大連、朝鮮は事情が異なっている。日露戦争後に、日本は大陸への勢力を広め、中国や朝鮮の人々の民族的な抵抗を受けただけではなく、欧米列強諸国からも新しい競争相手の出現として警戒されたことはよく知られている。特に、アメリカとの間に芽生え始めた対立は、移民問題とともに満州の鉄道権益をめぐる問題であった。特に南満州鉄道株式会社（満鉄）の本社があり、かつ中国侵略の前線基地として先鋭な対米意識をもつものが多かった大連や日本との同化政策を強める朝鮮での友情人形の利用のされ方には、顕著な特徴が表れているのである。

3　大連——反米感情の爆発

1　関東州大連の人形歓迎会

国外にでて改めて自分の国を見つめることがあるように、外地に暮らす人々は、時として内地の人以上に故国や同胞に対する思いをより強く意識することがある。大連は遼東半島大連湾の南西岸にある東北第一の商港であり、帝政ロシアをへて、日露戦争後に日本に租借され、関東州の門戸として経営された土地である。居住する在留邦人も、そのような意識が強かったのであろう。

一九二七（昭和二）年五月、日本国内の人形配付が一段落した後、関東庁に友情人形一〇体が配布された(17)。五月七日の『満州日日新聞』は、「満州に来た　青い眼のお人形　端午の節句に安着　近く各地で歓迎会」と、人形が旅順の関東庁学務課へ入ったことを伝えている。

満州に特派されたお人形達は、五月のお節句の晩に目出たく旅順に安着し関東庁学務課へ入つた、一行は身の丈三尺ほどのメリー、マーガレット嬢をはじめとして二尺位の九人の姉達で何れも目もさむる様な紅紫色とりどりの派手な服装で、胸にはスペシアルパスポートを挟み姓名、特長、生れ故郷等を記し夫々寄贈者の手紙を持つて居る……関東庁は此の愛らしい亜米利加のお客に対し内地各地の例に倣らひ、近い中に州内及び沿線の各小学校や幼稚園で歓迎会を開いて貰ふ積りで居るが、其の前に旅順を振り出しに州内各地へ此の可愛いお人形の旅行をさせる積りで、目下準備中である。

六月二日、三日と旅順第一、第二小学校で歓迎会が行われ(18)、七日大連民政署の浅野視学が代表で一〇体の人形を関東庁まで迎えに行く。大連駅では日本橋小学校の児童が出迎え、さらに自動車で大連民政署に到着すると「大広場小学校生徒百名少年団及び民政署市役所の小父さん達の出迎へを受」け、「女生徒の腕に可愛く抱かれて楼上の署長応接室へ運ばれた」。人形はひとまず大連民政署に落ち着き、「大連少年少女の盛んな歓迎会」の後、大連、および関東州内を巡回し、三体を大連、二体を旅順、五体を南満州鉄道株式会社（満鉄）付属地帯(19)の各学校に割り当てることにする。そして大連での歓迎方法を話しあうために、八日に各学校長の打ちあわせ会がある(20)、という。

六月一一日関東庁あげての歓迎会が大連で開かれているが、それは本土を意識し、それを上回る華やかな歓迎式であった。

大連民政署からヤマトホテルに移された人形に歓迎の花輪が贈られ、大連高等音楽院の少女二四名が人形とともにオープンカーに同乗して市内をパレードし、大連放送局に到着する。放送局では全員で玄関に出迎え、七時半から「人形歓迎の夕」という番組が始まる。まずヤマトホテル管弦楽隊の伴奏で人形歓迎歌がながされ、アナウンサーによる来歴の紹介から、君が代・市長の歓迎の辞・アメリカ国歌、そして総領事からの「米国少女に代わりて」の挨拶や日本人による「米国で逢つた少女の印象」という講演などがあり、「最後に十人の人形を一人一人紹介し人形より一々挨拶」があった。

このような歓迎会は「内地の何れの土地でも行われなかつた創意」(21)であると『満州日日新聞』は自賛している。その後、抽選で大連市内の一二の小学校による分配先が決定され、各学校へ配布されたという(22)。

アメリカへの友好ムードを盛りあげるという人形交流の目的の一つが、この熱狂的な歓迎会よって日本国内と同様大連でも達成されたかに見えたが、このような大騒ぎに危機感を抱いた一市民の投書を契機として、人形への友好ムードは一変するのである。

2 『満州日日新聞』(23)の投書欄——歓迎から排斥へ

『満州日日新聞』の夕刊には、毎回二通ないし三通ほど読者の声を紹介する「プラットホーム」という投稿欄があった。たとえば、「弱者を虐ぐ非道の家主」という投書は、不況時は値下げするという約束で家賃を上げておきながら約束も守らず、わずかな滞納で差し押さえをする家主の横暴を告発したり、大連民政署三階の雇員の態度は不遜だなど、きわめて日常の問題が掲載されている(24)。ここでのやりとりには友情人形歓迎会への大連市民の率直な感情が表れている。少々長い引用になるが、それを追っていきたい。

人形歓迎会が盛況のうちに終わって間もない六月二一日に、突然次のような投書が掲載される(25)。

朝日小学校職員諸氏に

偽善の国から送つて来た青い目の人形の歓迎で日本内地到る所の津々浦々から遂に遠く満州の果まで大騒ぎです、私は送つてくれた相手がバイブルと剣の宮本武蔵をやる亜米利加だけに皮肉な苦々しい思ひに堪へない、当市の朝日小学校でも国際児童親善会の趣旨に賛して歓迎のパンフレットを出して児童に頒布しました、私は之等の経費が保護者会の支出であるなら不承認を表明したいと思つて十六日の保護者会に出席しましたが国本校長のお話で亜米利加人形の歓迎が必ずしも一部不心得な教育者流に迎合したものでもないことがわかつたので之を諒として質問を遠慮して帰りましたが、保護者会開会前に青い目の人形の写真を撮つたり高野某の歓迎歌を合唱したりなどして大に日米親善振りを発揮したと聞いて不快に思ひました、ギユリツクといふ米人は悪人ではないでせう、一億に近い米人の中にはギユリツクのやうな人が三人や四人はいませう、然し人類愛を看板にして内心毒牙を研いでいる大多数の米人との親善を幼い頭に無条件で鼓吹するとは危険至極だと思はれます……〔山形通一父兄〕

人形をめぐる大騒ぎに眉をひそめた人は多かった。そのなかでこの投書は、大連市民に大きな共感を呼ぶことになる。次いで、翌二二日には、

碧眼人形に就いて
私は昨夕刊山形通一父兄君の「朝日小学校職員諸氏に」の一文に全然同意するものであります、私は此の人形に就いて母国の人達が馬鹿騒ぎするのを片腹痛く思つて居たのであるが、マサカと思ふていた大連までも此の偽善の使がやつて来た、それが為め余計な費用をかけて態々子供に外国崇拝の手引をする教員どもの醜態を見ては単に一時の気まぐれや遊び半分の悪戯事としてアッサリ片付けて仕舞ふ訳には行かぬ、外国の事とし云へば唯盲目的に追随する日本の子供に教員等が先達と為つていやが上にも拝外的気風を助長するやうな事は遠慮して貰ひたい、何が平和だ、一体君等は米人を平和の神様見たいに考へて居るらしいが米国人が平和の神様ならその実例を承りたい、兎に角可愛相に我日本の子供を駆つて米国人の前に頭を垂れ尾を振るが如き卑劣な根性を養成するマヽ事はよして貰ひませう、日本を亡ぼす者は敵国外患に非ずして却て君等日本の教育家なるべきを恐るゝ次第である、噫内を見よ外を見よ〔第二山形通一父兄〕(26)

続いて、六月二四日には、

何が為の碧眼人形だ

西洋心酔者連が米国の御先棒になつて我大和民族の後継者たるべき純なる学童等に謬れる悪い考へを注ぎ込むなんか実に心外の至りだ、最近本欄で「山形通父兄」君などの憤慨されるは最も千万だ、吾人は大和民族専有の大和魂の尚厳存するを心強く思ふ。

米国加州に於ける邦人排斥は何うだ、日本人小学生の入学拒否は何うだ、無邪気な日本の子供等が米国で如何に虐待されて居るのを知らぬか、碧眼人形を送つて相互に仲よくしようと云ふのなら何故に先ず在米邦人や其の小供等と仲よくせないのか、彼等米国人は遠く離れて何も在米邦人の現状を知らぬ所の内地や満州の邦人の子供を誘惑して将来の犠牲を作為せんとて今回の碧眼人形を贈つて来たのだ、夫れに乗せられてワイ〳〵騒ぐ西洋心酔者連の浅薄さ唾棄に値する。

目下開会されている軍縮会議は何うだ、五五三なんて誰がする米国が一個の独立国なら日本も一個の独立国だ、平等に五五五で行くべしだ、太平洋は米国の太平洋ぢやない、左手に人形を出して右手に咽喉を纒る所の彼れ米国の陰険極まりなき態度をよく〳〵明かに見よ、西洋心酔者連よ、日本の伝統的精神に還れ、人類の生存競争は永久に止む事なし、亡国の民の哀れさを知れ、無垢の子供の将来の為に大和魂の錬磨を忘れるな、子供の交友は子供に委せよ、親爺が出て騒ぐまでの事はあるまい、馬鹿々々しい騒ぎは止めて呉れ、親爺は軍縮会議の成行でも注視して居れ。〔南山麓〕(27)

私も青い目の人形に付て

……痛切に胸に応へましたことは山形通父兄お二人の御意見でございます
そして私の思ふことを仰しやつて頂きましたので何んなに嬉しかつたか知れません、四台の自動車に日本の子供等が青い目の人形を抱いて市中を練つて歩く馬鹿らしさを眺めました時にはお追従も善い加減にしたらと情なくなりました、昨日の新聞でみましても三国軍縮会議に於て米国は何と申て居ましたか
私は或学校の歓迎会に母の一人として参りました
其の会は何うしたら当局の偉い方々よりお賞めの言葉が頂けるかと夫ればかりに腐心した会でした、殊に六年生かのワシントンの話！朝鮮人よ独立せよ、生徒よ先生に反せよと教へられたのでせうか、講堂の最後の方にあつた私は幸ひにして校長の話が幼児の泣声のために聞えなかつたことを寧ろ喜んで帰りました、何うぞ馬鹿騒ぎはやめて頂き度うございます〔旧式の女〕(28)

日常的な市民の声を反映する小さな投書欄に二一日から二四日まで毎日（二三日は休刊）、計四通の同じ趣旨の投書が寄せられている。友情人形への市民の関心の高さがわかる。

大連で、このような反米的な投書が続出した背景には、時を同じくして六月二〇日からジュネーブ軍縮会議が始まったことの他に、大陸侵略の一拠点という大連の地域性も考えられるであろう。また、一九二四年「移民法」に対する大連市民の屈辱感が、内地以上に強かったということも想像される。日本人移民により近い境遇にあった当時の満州在留邦人には、彼らへの同情などが加わり、反米感情が内地

人よりも強かったのではないだろうか。

しかし、二五日になると、ようやく人形交流の意図を代弁するかのような投書が紹介される。

碧眼人形歓迎に賛成

本欄に於て亜米利加から送られた友情表示人形の歓迎に就ての反対の叫びが二三の人々より挙げられているが、私は碧眼人形歓迎に賛意を表したいのである、山形通父兄の意見は余りに偏狭であるから姑く措くとして南山麓氏と旧式の女氏の言はれるところは結局左の数点に帰する

（一）米国加州に於ける邦人排斥は何うだ、左手に人形を出して右手に咽喉を纒る態度ではないか

（二）無垢の子供の将来の為に大和魂の錬磨を忘れるな、子供の交友は子供に任せよ

（三）自動車で市中を練つて歩く馬鹿らしさ

（四）歓迎がお祭り騒ぎであり過ぎる

この四項でつきるやうに思ふが私は米国の排日を子供達の純な心持に植付けたくない、よし十歩を譲つて人形を送る主催者が斯うした野心を持つて幾千の子供を利用したと仮定しても米国の子供達が人形のために時間を割いて着物なり靴なりを作つた心持が私はそれが尊いと思ふ、従つてこの心持は為政家の為にする排日など丶同一視すべきではないと思ふ、子供の世界にはそんな大それた丶くらみは決してないから安心するがい丶、国際愛は真に人類に幸福を与へるのである、大和魂の真

価は茲に立脚せねばならないのだ、
次はお祭り騒ぎと自動車で市中練り歩きの問題だが子供達の喜びと悲しみには大人も出来るだけ好意を持つてやりたい、子供が喜ぶなら一所に喜び、子供が悲しむならそれを適度に慰めてやるがよいと思ふ、米国の子供が純な心持ちで送つてくれた人形に対して喜んで迎へる―それは当然のことである、子供と一所に大人も共に喜んで折角遠来のお客様をもてなしてこそ本統の大和魂が発揮されるのだ。〔文化協会にて竹生〕(29)

この投稿者である〔竹生〕の主張は、ある意味で「世界児童親善会」の意図を代弁するものがある。しかし、彼の投書は大連市民に必ずしも支持されなかった。

青い顔?の竹生君に
昨夕刊の文化協会竹生君の言ふ所には賛成が出来ない、君は子供の事は子供に委せよと云ふが亜米利加からの人形が子供の智恵と思ふか、馬鹿〳〵しい
一体亜米利加人なるものは総て此の筆法で行くのだ
君は在米邦人が如何なる待遇を受けつゝあるかを知つて居るか、親切から人形を送つて来たのなら先ず手近の在邦人の子供に差別待遇をせず一視同仁にして貰ひたい、
竹生君とやら机の上で青い顔をして人類愛を説くよりも加州でも一巡したらよからう、百聞は一見

に如かずだ〔会て亜米利加に遊びし人〕(30)

再び申し上げます

大そうクドイ様ですが、もう一度だけ碧眼人形に付いて申上る事を御許し下さい、文化協会竹生様の御言葉も御道理と存じます、子供の喜びは大人も好意を持つソレは無論のことですが今度の各方面の騒ぎをよく〳〵御覧下さいませ、或学校では歓迎の辞を述べる少女に強て日本服、それも美事な振袖を着せ、又遊戯青い目のお人形の場合には日本服と洋服の子供半々にしておどらせたのもあるさうです、一人の優秀なお子様は当然其の壇上に立つべきであるのに振袖の日本服がない、而も直作つてもらへるだけの余裕がない為め出場することが出来ず、小さな胸に貧の苦みを覚えさせられたものもあると云ふことです

学生の間は洋服に限ります、又学校でも平素むしろ洋服を奨励して居らるゝやうです（尤も二十歳以上の婦人の洋服には別に意見が御座いますが）然るに人形の歓迎会にわざ〳〵日本着物を強る必要がどこにありませう竹生様の仰しやる様に子供は純真です、表面上子供から子供への送り物といふことですから一言感謝してさへ居ればそれで結構なわけです、歓迎会も朝礼会の折先生から簡単に話して頂く程度で宜しからうと思ひます

私共は何処の国にもない大和魂の所有者だと自惚れて油断しては居られません、私は十年ほど外国

生活をして昨年日本に帰り本年当地に参つたのですが米国には米国魂、英国には英国魂があります、私共はもつと〳〵深く考へなければいけないと思ひます

山形通の二父兄様及び南山麓様の御意見一語〳〵胸に応へます、偏狭でも何でもない実際の事です、そして心強い感じのしたことだけ茲に一言申上げておきます〔旧式の女〕(31)

やがて、米国への露骨な偏見やナショナリズムが投書欄を席巻する。

お人形はお人形のみ

近頃青い目の人形の件で可否の批判論が相当あるやうだが何れも極端に走る説には不賛成である、青い目のお人形は必ずしも平和の使でもなく且又親日の使なりと即断する事は不可だ、米国人の排日思想の現存する事と日本を常に仮想敵国と認めて軍備其他諸般の用意オサ〳〵怠りなく実行して居る事は見逃すべからざる問題である、故に青い目のお人形は即ち「お人形」に過ぎないので先ず小児のオモチヤが来朝したものだと解するが正当だらう

彼の米国が大正七、八年西伯利事変の際各国連合軍として西伯利に出兵したが果して連合軍たる共同動作を実行したか否や……半官半民的の奇妙な人物が我日本軍隊を門番に立たせて其の裏面に於て無茶苦茶の仕事を平然とヤツテ除けた手際は流石は米国式だと感心せしめた程であつた、余は当時従軍した一人であるから正直な所を発表するのである、兎に角日本国民はお人好しで困る、青い

目のお人形が来たからとて昇せ上るなんて浅慮も甚だしいではないか、表面よりも今少しく頭を冷静にして国際的関係の裏面の消息を観察せよ、要するにお人形はお人形のみの取扱をすれば足るのである……「バラの花美しけれどトゲもある」(日本人投)(32)

碧眼人形歓迎に就いて

明治十何年かの頃国を挙げて条約改正に大騒ぎをやつた際故井上侯等が一世の知恵を絞つて案出したのがいわゆる鹿鳴館時代の欧化主義で貴顕紳士淑女日夜相擁して踊り狂うた

近年モダーンガールなるものがコテでちゞらした髪を耳隠しに結つて、甚だしきは断髪してダンスホールに所謂現代紳士と相擁して踊る、称して文化といふ全く歯の浮くやうな文化だ、此の如き流行を文化と心得るアメリカかぶれの人々には例の人形が愛の天使のやうに見えるだらう、アメリカ人を神の変化と思つている文化人の大和魂論は烏滸の沙汰だ

西広場のレストラン東洋亭のドアには二三年前の排日騒ぎの時「ヤンキー入るべからず」と貼紙がしてあつた、傍に二匹の豚を踏みつけた外人が一冊の書籍を読んでいる漫画が貼つてあつた、外人にはヤンキー、豚には日本及支那、書籍にはホーリーバイブルと註がしてあつた、東洋亭の主人は久敷くアメリカに居住して英語に堪能なため華客は主として外人であつた、是のレストラン主人の意気はアメリカ文化中毒者には味はふことはできまい

人形を送つてくれた人の心の奥まで忖度して排米とか親米とか幼い頭に植付ける必要はないのであ

る
折角送つてくれたものを断るのも礼を失する、有難う！と言つて倉庫の中にでも仕舞つて置く位の権威ある校長が大連にも一人位はあつてほしい、大人が何も知らぬ子供を煽動して馬鹿騒ぎをする必要が何処にあるか
教育家諸君、希はくば冷静なれ、健実なれ、諸君の一挙手一投足は日本の将来を左右することを忘れ給ふな〔一保護者〕(33)

そして、多数の反響と賛同とに感動するあまり、六月二二日掲載の〈第二山形通一父兄〉なる人物が、本名を名乗って再び登場する。

私にも今一たび
碧眼人形歓迎の騒ぎの馬鹿々々しさに愚見を申述べました処、多数同意見の人々の居らるゝことが判かり感激の余り「第二山形通生」と云ふ仮面を脱ぎます、私は愛国生命の有馬藤太で御座います。
一体私は人形歓迎会と云ふ其事自体に彼れ是言ふのではない、又子供には子供の世界のある事も五十二年間に八名の子供を設けた私はよく承知しています。よく承知していますから子供の魂百までもと申しまして子供にツマラヌ事を教へたくないのです、我が日本人は何ういふものか英米の事なら又新しい事なら無条件で之を取り入れる癖がある、英米人には頭が上らぬ、支那語は身を入れて

稽古せぬが英語だと人なかで聞けがしに使用する、人形が平和の使だなんてソンな事は子供にわかるかい単に米国人はエライのだと云ふ事しか子供の貧弱な頭には入りはせんのだ、それが私共には恐ろしいのだ、向ふから送つてくれたものを歓迎するのが大国民の襟度だと云ふがそれは襟度でも何でもないオッチョコチョイの飛び上りに過ぎない、大国民と云ふものはそんな軽々しいものではない、

米国人は民族自決と云ふ事を唱へたが、民族自決とは国境閉鎖の代名詞だ、米国モンロー主義は其の博愛を米国にのみに限つて居るのだ、そんな美名に迷うてはいけない

要するに人形歓迎論者は平和博愛の美名を濫用するものである、我々は此の偽善使ひに座蒲団を布いてやる義務は持たぬ筈だ〔有馬藤太〕(34)

さらに「(山形通父兄の二人)、(南山麓)、(旧式の女) の四人に大和魂を発見した。これをきっかけにして、『パパ』『ママ』という家庭用語を第一番に改正し、大和魂復活運動の第一歩としよう」という提唱者まで表れ(35)、果ては、この歓迎会に関係した教育関係者が詰問される。

追従教育者諸君

余は春日小学校生徒の一父兄である、学校が碧眼人形の歓迎に父兄を呼び出して校長、教師等の茶目振りは何うであつたか、彼のざまが如何なる薫化を子供に与へると思ふか、南山生、山形通父兄

等の憤慨は実に我等日本民族の言はんとする所を代表してくれている、米国が日本児童就学禁止、国語教授禁止等……《ママ》日本の〇〇頭を叩きながらからかい半分に送つてよこした人形に対して仰々しく騒ぎまわる心が知れぬ……日本殊に大連などには、碧眼の心酔者が少いと思うていたのに、教育者だけが何時の間にか酔ひかけて居ると見える、御用心!〔黒眼の我輩〕(36)

何とか釈明あつては

「弱きものよ汝の名は校長なり」、例の碧眼人形問題に付ては各方面の意見が皆一致しい《ママ》るようだ、しかも有馬氏の如き堂々と名乗りをあげているのに一言半句も所信を披瀝し能はざるは如何、校長諸君は単に上司の命令故に仕方なしにあの茶目を行つて平和だの何だのと声を震はせて純真な子供の前で芝居をやつたのではあるまいか、それでは余りに不甲斐かない、何とか釈明あつては何うです〔黒い目の父〕(37)

一連のヒステリックな論調に対して、七月八日には、これをいさめるような投書が掲載される。

英雄に閑日月あり

可愛らしい人形の問題で大分肩を怒らして居る人が有やうですが斯る間違つた考えを持つた人達こ

そ人形そのものよりもより多く世人に誤れる影響を与ふることを考へると、何うしても一言申述べずには居れません

英雄に閑日月あり、たとへそれが敵の贈り物であつたとしても特にそれが子供相手の人形の如きものとすれば欣然これを受入るるの襟度が欲しいとは思ひませんか、子供の事は子供に任しておくが宜しい、子供の世界は大人の世界よりもつと美しいものであります、亜米利加そのものが何うかと云ふ問題は此処に論ずる必要はありません、

彼の心優しい博士の心持を疑ふのは余りに狭量であると思ひます、日本に此憎む可からざる人形を憎む人あるが如く又亜米利加にも真に両国の平和を希望する人が居らぬと誰が断言出来ますか、一度起たねばならぬ時が来れば日本国民は大人も子供も一斉に剣をとるでせう、私は徒らに博愛を口にしようと云ふのではありません〔山形通H生〕(38)

しかし、七月九日、一〇日と相次いで、山形通H生も批判される。

山形通のH君に

閑日月の多い階級には解るまいが、人の古襦袢を貰うて「殿の御肌着を拝領した」と、随喜の涙を流した誤れる思想が封建制度といふ奴隷時代を造り上げたのである、

我等は人形を貰つて喜ぶ子供の自然の心を兎や角言ふのではない、又呉れた人の好意を疑へと言ふ

のでも無い、子供の事は子供に委して置けばよいものを貴重な公務を抛つて歓迎会を催したり、公費を費して御祭り騒ぎをやらかして美しい子供の心を掻き乱す大人共に其の事の経重と其の及ぼす影響とを考へてご拝領騒ぎをする愚より目覚めよと忠告するのが我等の真意であるのだ、序に言ふが、銃を執る時ばかりが国家の大事ではない、近代の民族闘争は君が閑日月だと思つて居る間に間断なく行はれて居るのだ、刮目して看取され度い〔SY生〕(39)

ソリヤいけません

ソリヤいけませんやH生さん、貴下は子供々々と言はれるが、ソレを誰一人として彼是言つては居ませんよ、貴下は人形歓迎の実況を見て居ないのでせう、事実を目睹せずしての御議論はソリヤいけませんやH生さん、

歓迎論者は理屈なしに子供々々と言はれるが其実校長や教員(自発的ではないらしいが)や其他限られたる大人達の戯れ事であつたことは十目十指の指視する所であつて子供等をダシに使ひ課業まで休んでアノ馬鹿騒ぎをやつたので本尊の子供等は呆気に取られてタダ〱米人の偉大さを小さな胸に畏受入れたゞけなのです、マア子供等によく聞いて御覧なさいませ、実況を見ずしての御議論、ソリヤいけませんやH生さん、

敵とキマつて其の敵から送り物を受ける或は英雄人を欺く一つの手段とも成らう、米国は敵では無い、同時に味方でもない、がソウ云ふ真諦は迚も世の憒々者流には分りツこ無し、マア古今治乱興

亡の跡を些とたづぬるんですな

青年に青年の世界あり、処女に処女の世界あり、子供には子供の世界あり、父や母や老人どもは涼しい顔して老人の世界に遊ぶかな、併し一輪の朝顔を咲かすにも二葉の内からの世話が無ければ名花は見られないものネ、ア丶自由勝手気儘、そして堕落放蕩、然る後滅亡、喝！〔第三山形生〕(40)

このように『満州日日新聞』の紙面で、歓迎の是非を問う議論が計一七通、六月二一日から七月一〇日までの約三週間にわたって掲載されている。

当初、文部省や関東庁等を通して配布された人形は国内と同じく、教育関係者を中心に、大連市民から熱烈な歓迎を受けた。しかし、そのような歓迎会は明日の日本を担う子供たちにとって有害なものであると感じた一父兄の投書を契機に、市民たちの不満が爆発し、あまりに派手で大げさな歓迎会への反動も手伝って執拗なまでの排撃が起こったのである。そして、〔竹生〕のような冷静な議論は排撃され、人形歓迎会を催した行政や教育関係者を突きあげる形で、市民から批判が沸きあがったのだった。

満鉄学務課では、関東州とともに「世界児童親善会」のパンフレット約一万五千部を配付して人形交流の意図を説明した(41)。だが、それにもかかわらず大連市民には、「アメリカ議会の決定を憂慮する日本に好意をもつ一民間人からの親善の表明」という人形交流の真意は、ほとんど理解されなかった。それどころか、この発想そのものが当時の大連市民の理解を越えていたのではないかとさえ考えられる。大連市民の論調が「友情人形」＝「米国からの贈り物」という図式のもとに、日本人としてこれにどう対処すべきか否か、という議論にすり変わっていくのは、そのことを暗示する。

それは、友情人形の受けいれを国家的なレベルで対応した日本国内の事情にもつながるものがあるだろう。さらにいえば、一九二四年「移民法」を国際的な面子の問題としてこだわった日本側の対応と同根のものだったということもできるだろう。そこには世界列強の一員に遅れて参入した一等国日本の未熟な自負もあったのではないだろう。そして、このような自負は、当時日本の統治下にあった朝鮮においてはまったく反対の形で表れる。アメリカと対等に交流する一等国日本を前面に押しだす形で、友情人形は活用されるのである。

4 朝鮮――くすぐられた自尊心

1 朝鮮の人形歓迎会

日露戦争後の明治四三（一九一〇）年「日韓併合条約」を強要することで、韓国（大韓帝国）を併合し、植民地政策を進めるなか、大正八（一九一九）年三月一日には民族独立を求める三・一運動が起こる。これを武力弾圧した朝鮮総督府は、「武断政治」から融和的な「文化政治」へと方針を変更する。総督武官制を廃止することで、制度上では文官でも総督就任が可能となり、普通警察制度への改編で、軍の憲兵が一般警察をかねる制度はなくなる。言論や結社の自由は限られた範囲ながら許可され、韓国語の新聞・雑誌の発行も認められ、文官である官吏や教員の制服帯剣も廃止される。

その一方で、大正一一（一九二二）年の教育令の改正により、「内鮮一体・一視同仁」が主張され、内地に準拠した教育改革がはかられ、学校での朝鮮語の時間は減少し、かわりに日本語の時間を増加させた。そして、多くの警察官が内地から派遣され、警察力は増強され、独立運動の監視体制はむしろ強化された。このような同化政策を強めていた時代に、友情人形が朝鮮に配布されたのである。

一九二七（昭和二）年六月一八日、京城（現ソウル）公会堂で、朝鮮全土の人形歓迎会が、朝鮮教育会等の主催で行われた。会場の正面には「日本古来の内裏雛」を据え、一九三体の友情人形とそれを迎える日本人形とが並べられ、朝鮮人、日本人児童、約四百人が参加した(42)。式は「開会の辞」「君が代」「米国国歌」吹奏と続き、「代表人形を米国総領事令嬢」が日本側代表「学務局長令嬢」李玉子嬢に手渡す。これを受けて彼女は流暢な国語（日本語）で歓迎の辞を述べた。そして、「絵から抜け出たような内鮮米の少女が、今日を晴れと着飾つて巧みな遊戯やらダンス」(43)を披露し、また、参加した京城府内の小学校、普通学校(44)や幼稚園児には「日米両国旗とお菓子」(45)が配られたという。その後、各地方教育会単位の歓迎会へと移り、人形は各学校にほぼ均等に配付されている(46)。

三月一五日付けのギューリック宛の書簡で、渋沢は全国各地の小学校、幼稚園が人形の配付を希望しているが「朝鮮地方より同様の申入れも有之候」(47)と書き送っている。しかし、当初、文部省は朝鮮等植民地への配付は視野に入れてなかったようだ。なぜなら、朝鮮児童協会の問いあわせに対して「まず内地の分配が済んでからのことで朝鮮には分配することが出来るか否か、またその期日なども予知できない」(48)と答えているからである。しかし、人形配付には、朝鮮教育界の強い要望があった。それには次のような事情があったのである。

2 「青い目の人形歓迎歌募集」――朝鮮人少女と日本語教育

前章でもふれたように、三月三日の「米国人形の歓迎会」は、東京だけではなく、大阪でも行われている。これに向けて、『大阪朝日新聞社』では「青い目の人形歓迎歌」を募集したところ、朝鮮の少女が日本語の作詩で一等当選となった。

日米親善のお使い人形を歓迎する歌を先に本社で募集しましたところ、社告から〆切りまで僅か八日間であつたにも拘わらず全国の児童諸君から応募実に三千八百五十三といふ多数に達しました(49)

そのなかで当選一編、選外佳作三編を選んだところ、「驪州公立普通学校」四年鄭旭朝という少女の作品が当選になった。その歌詞は次の通りである。

お人形さまのお客さま

星のお国から　ゆらゆらと

金のお船や　銀のお船

お人形さまの　お客さま

どうぞこちらへ　桜の下で
毛せんしいて　遊びませう
ごちそうしませう　お米のご飯

鬼ごツこせうか　向ふのお山で
かくれんぼせうか
ジャンケンポ　アイコでホイ
お人形さまの　お客さま(50)

この当選は、大阪朝日発行圏内である西日本地区で大きな反響を呼ぶ。当時、「朝鮮人に対して国語を普及するは統治上重要務」であるという朝鮮総督府の教育方針は、一九二二（大正一一）年の教育令改正によってより強められ、日本語を理解する朝鮮人の数を確実に上昇させていた(51)。したがって、作詩の一等当選に対する総督府関係者の喜びは大きかった。

たとえば、李学務局長は「一等当選歌をみると自由に国語を使つている。これは普通学校に国語が徹底的に行きわたつた唯一の証拠である」(52)と述べている。また、高橋京畿道学務局長は「当選者の歌をみると他の内地人の小学校の歌から頭角をあらわしている、こんな巧みな童謡が自分の管内の学校生徒から出たことは非常に名誉」であり、「朝鮮童謡界に大きなショックを与えることを予想し近来にない愉快を感ずる」(53)という談話を寄せている。この事実を知らされた朝鮮総督斉藤実は、「そりゃ面白い、そりゃ嬉しいことだ」(54)と、いかにも満足の体であったという。また、これに外務大臣幣原喜重郎も関心を示し、松平大使への通信のなかで特別にこのことにふれている(55)。

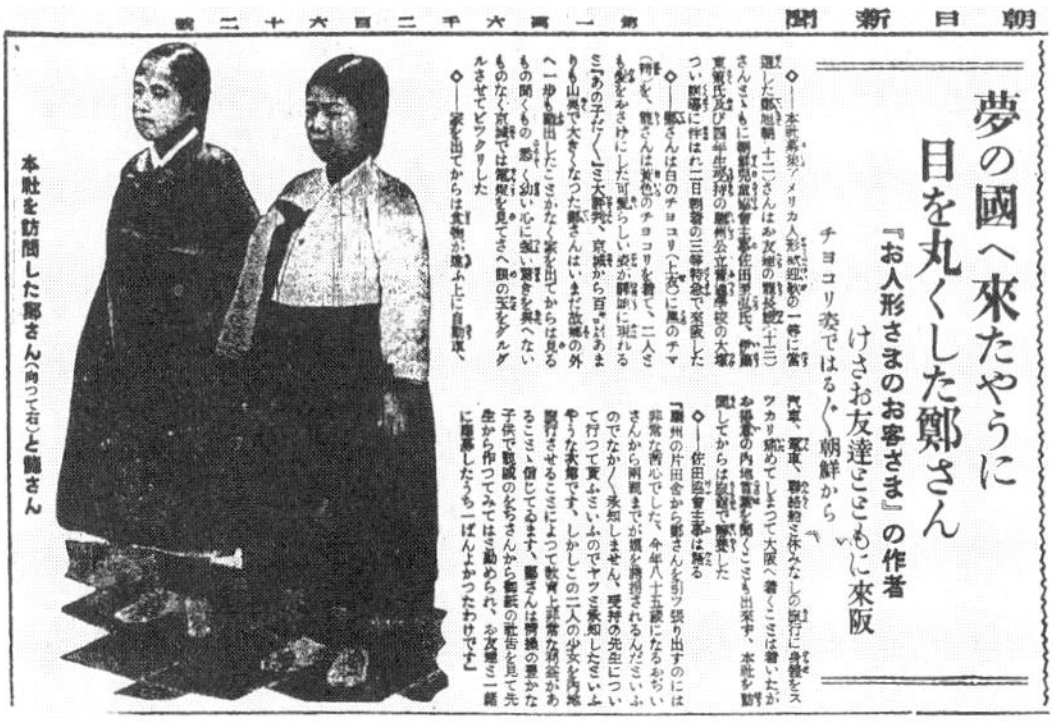
朝日新聞

夢の國へ來たやうに目を丸くした鄭さん

『お人形さまのお客さま』の作者

けさお友達とゝもに來阪

チヨコリ姿ではる〴〵朝鮮から

◇――佐田協會主事は語る

「驪州の片田舎から鄭さんを引ツ張り出すのには非常な苦心でした、今年八十五歳になるおぢいさんから両親までが娘を誘拐されるんだといふのでなか〳〵承知しません、……生から作つてみてはと勧められ、お友達と一緒に應募したうち一ばんよかつたわけです」

本社を訪問した鄭さん（向つて右）と鄭さん

旭朝の訪阪（『大阪朝日新聞』昭和２年３月３日）

そして、新聞はこの事件を「幼い人達の手で結ばれた内鮮融和」(56)として大々的に取りあげ、少女は大阪で行われた人形歓迎会に招待され、ラジオや歓迎式で流暢な日本語を披露したという。もっとも、少女の家族は、少女の訪阪をなかなか承知しなかった。八年前には三・一独立運動が起こり、そして、三年前には、関東大震災で多数の朝鮮人が虐殺されていた頃である。

これについて、彼女の訪阪の窓口を努めた朝鮮児童協会の佐田至弘は、次のように述べている。

驪州の片田舎から鄭さんを引ッ張り出すのには非常な苦心でした、今年八十五歳になるおぢいさんから両親まで娘を誘拐

アメリカ人形歓迎子供会の様子（『大阪朝日新聞』昭和２年３月７日）

されるんだといふのでなか〳〵承知しません、受持の先生について行つて貰ふといふのでヤツと承知したといふやうな次第です、しかし、この二人の少女を内地旅行させることによつて教育上非常な利益があることゝ信じています……(57)

しかし、佐田のいう教育上の利益とは一体何を意味していたのだろうか。

３　朝鮮教育界の要望

大阪には、旭朝とともに担任の女教師と同級生の龍長媛という少女が同行している。三月六日朝日新聞社朝日会館で開かれた「アメリカお人形さん歓迎コドモ大会」では、「日本旧来のお雛壇、いと花やかにおめかし遊ばした内裏雛様」はじめ五人囃などがずらりと並び、「金髪のお人形さんたちがサクラの国の子供さん達にほほ笑みかけるように碧い眼をパチクリ」させながら並んでいる。

「日米両国歌」の演奏に始まり、当選歌「星の国から」や選外佳作の歌の合唱の後、当選者の旭朝に賞品として西洋人形が渡され、遠い朝鮮の片田舎からひよつこり出てきた鄭さんはあまりにも多い人波にもうすつかり上気したやうになつて真紅に頬ぺたをほてらせながら、楚々とした朝鮮服で檀上に進み、またしてもおこる破れるやうな喝采にはにかみながら御褒美をいたゞき流暢な日本語で御挨拶をいたしました(58)。

という。

その三日前の三月三日の大阪の人形歓迎の当日、ＪＯＢＫ（ラジオ局）では歓迎歌の当選・佳作に曲をつけて放送し、作者の旭朝がマイクロホンに向かって、「小さく胸をおどおどさせながらかあいい日本語」で、次のような挨拶をしたという。

放送してゐる鄭さん（向つて左）と

小さい作者が可愛い御挨拶

お節句の夜を賑した
お人形歓迎歌放送

お雛祭ミアメリカのお人形歓迎會さがいつしよになつた三日、ＪＯＢＫでは午後六時の子供の時間に……へすることになりました、ごらんなさい、こんなに胸がどきどきするでせう生れてはじめてこんな嬉しさに出會ひました、あ

ラジオ放送時の様子（『大阪朝日新聞』昭和２年３月４日）

私はこはいことをしてしまつたやうな気がします、だつてあまり嬉しすぎますよ。私のまづい歌があのかあい、お人形をお迎へすることになりました、ごらんなさい、こんなに胸がどきどきするでせう、生れてはじ

めてこんな嬉しさに出会ひました、ああい丶なあ、にこ〳〵して先生の「一等になつたよ」とおつしやつた時「あれだな」と思ひながら夢のやうになつてしまひました、内地のお嬢ちゃんたちと、しつかり手をつないで花の咲いた緑の野原で歌ひながらおどるやうな嬉しさです、本当に夢でせうか、夢ならいつまでもいつまでも覚めなければよいがと思ひます、内地の嬢ちゃんたちこれから私達もかあいがつて下さい、仲よく遊びませうよ(59)

一九二八（昭和三）年編集の『朝鮮諸学校一覧』によれば、「驪州公立普通学校」は男子四三七名、女子一二〇名の在籍者を数え、旭朝の学年は男子生徒八五名、女子一一名であった(60)。彼女はすでに一九三八（昭和一三）年に亡くなっているために聞き取り調査はできなかったが、現「驪州国民学校」に残る彼女の学籍簿は意外な事実を物語っている。

ラジオを通して流暢な日本語を披露したはずの旭朝の国語の成績が、予想外にはかばかしくない。そのうえ、ラジオ放送時の新聞写真は旭朝が口を閉じ、その背後から同行の少女龍長媛が大きく口を開け補っている様子がうかがえる(61)。しかも、龍長媛の成績は、国語をはじめ各教科に抜群の成績を残しているのである(62)。

以上のことから、もしかすると旭朝の日本語はあまり上手ではなかったのではないか、とも考えられる。むしろ、そこには朝鮮での日本語教育浸透の象徴として、彼女の訪阪に教育上の意義を認める総督府学務局の意向が強く働いていたのではあるまいか。しかしそれには、旭朝が流暢な日本語を使う朝鮮人少女である必要があった。同行の少女は、そのための黒子として必要な存在だったのではないだろうか。

この推測の正否はともかく、彼女たちの来阪が日本の新聞社や総督府によって日本語教育の浸透と内鮮融和のキャンペーンに利用されたことは否定できない事実である。そして、朝鮮児童協会の佐田は先の朝鮮への人形の配付は未定であるという文部省の「剣もほろろな挨拶」に屈せず、「朝鮮の事情を話し」配付が決まらない先から歓迎会用に強引に三体の人形をもちかえっている(63)。前述の渋沢の書簡に記された「朝鮮地方からの人形配付の申込」という一節には、このような事情があったのである。

また、六月一八日の朝鮮の歓迎会に向けた「米国世界児童親善会　お使人形歓迎会施設要項」の「設備其ノ他」には、内地とは異なりわざわざ「ロ、主人側ノ日本人形ヲ同様陳列スルコト」(64)という注意事項がある。そこには、日本人の子供として朝鮮児童に人形を歓迎させせようという、朝鮮教育界の意向が強く反映されていたものと思われる。

そして、その背後には、「米国から日本へ送られた人形」の歓迎を通して、日本文化の優位性を朝鮮人に「誇示する」という意図が強く作用していたのではないだろうか。

4　朝鮮への優越感

以上のことは、旭朝が来阪した際の日本の新聞報道からも推測される。

「夢の国にきたように目を丸くした鄭さん」(65)「お伽ぎの国へ来た少女のやうに驚きと嬉しさが一

杯」(66)という見出しに代表されるように、日本滞在中の旭朝は、日本の近代化に戸惑う朝鮮人少女という図式で報道され続ける。それは、大阪のイルミネーションに驚き、自動車や電車などが目まぐるしく行き交うので、「危ない、危ないと先生につきまとい」「こんな危ないところは嫌だと」(67)といい出す少女であり、同行の佐田が「鄭さんは田舎から来たものですから……」と挨拶すると、「驪州は田舎ではありません。危なくないから大阪よりいいところです」(68)と抗議する少女でもあった。そして、そこにはそのような少女の姿を微笑みながら、おそらく優越感をもって見つめる日本人という図式があったのではないだろうか。

また、朝鮮に配付された人形の内五体は、日本と同じく博物館に展示公開されている。場所は、朝鮮に科学知識を普及するために天皇の下賜金で新設された科学博物館であった。『文教の朝鮮』は、展示された人形が母国（アメリカ）の人々へ宛てた手紙の訳文という形式で次のような内容を掲載している。

……東京は震災後まだ充分に復興しては居ません。然し新しく出来る建物や往来は母国のと余り変りませんがただ風俗がまるで夢を見る様で想像も着かなかつた事に驚かされました。あの綺麗なきものが第一に目につきました。靴の代わりの履物も見ました。……子供の衣服、お嬢さんの着物は実に美しいです……

……朝鮮は今は日本国の一部ですが風俗や言葉が丸きり変つて居ります、服装は一般に整つて居て制式としては日本に優るとも劣つては居ない様ですが全然白色で……労働をしない昔そのまゝを見る様です。……日本本州で色彩意匠が頗る向上して居るのに比べて是は亦余りに貧弱で単調な様に思はれまして喪服の様な感じがします、家は亦甚だ狭苦るしい建方です。事実人民は暮し向きの程度が低く進取の気分がだれて居るやうです。……新しいものを求むるという気風が旺盛でもありません。

……日本内地とは連絡がありませんが、日本語は全鮮に通用しています。交通や警察などは美事に整備しています、唯一千年近くも桃源の夢に酔ふて文化の雨に潤はなかつた為め、今俄かに欧米と肩を並べることは仲々六カ敷い事でせう。併し都会は内地人の入り込む事も多く漸次文明化して参ります……(69)

ここにはアメリカと同レベルに近代化され、レベルの高い伝統ある文化をもつ日本が遅れた朝鮮を近代化へと導く、つまり「指導する日本民族、指導される朝鮮民族という政治的文化的図式をたて」にした教育侵略があった(70)。たとえば、日韓併合を目前とした一九〇七(明治四〇)年、朝鮮統監伊藤博文は当時の教育者へ次のような訓諭を述べている。

韓国の如きは、未だ普通教育の何たるかを解せぬ者が多いから、恰も保母が幼稚園の児女を扱ふやうな積りで、根気よく丁寧にその児童を教導せねばならぬ。諸方面から視察してみると韓国人は決して文明に進むの素因がないのではない(71)。

このように朝鮮を「幼児」と見る朝鮮観の背後には、「遅れた国」である朝鮮を文明化させるという日本側の口実があった。そのためにも、日本はアジアで唯一文明化した「一等国」である必要があったのである。

だが、その底流には常に欧米に対する近代日本の複雑なコンプレックスも存在していた。それは「脱亜入欧」という価値観に立つ限り、どうしても陥らざるをえない矛盾でもあった。それが一九二四年「移民法」で一等国としての正当な評価を受けなかった(他の有色人種国家と同じく入国不適格者として扱われた)ことへの反発となって表れ、先鋭な国家意識を必要とされる租借地大連では反米意識が爆発したのであろう。しかし、その反発は、言い換えれば、欧米列強諸国への憧れでもあった。

では「移民法」に対して比較的冷静な目をもっていた在米日本人移民は、一連の人形交流をどのように見ていたのだろう。

5　在米日本人移民から見た人形交流

1　人形交流への冷静な目

日本語新聞のアメリカからの人形送りだしにかんする報道は、総じて冷静である。本国の新聞のような独りよがりの誤解もなければ、肩肘をはった気負いも見られない。

一九二六年九月二二日の『羅府新報』は、一応「小六つかしき親善の理屈よりも、確かにその効果が挙がるに相違ない」と述べているが、三紙ともあまり関心がないらしく、社説を掲げたのは『日米新聞』だけである。ただし、ここにはこの問題の本質が端的に述べられている。

（これまで米国の一般人は国際心に薄く）狭隘なる米国主義、極端なる愛国主義の城壁に閉ぢこもり国際親善に尽さうとする心が少いのである。（今度の計画が）各地の米国諸新聞によつて、報道せらる丶ならば……日米両国間の親善に資する所多いのであるが、桑港諸新聞の中未だこれを報道したものなき始末である……右のような状態であるからして、米国民の国際心養成は所詮大人の方面を主とするよりも次代の国民を形成する所の学生の方面を主とする方が賢明であると云へる。……ギュリツク博士等の関係ある団体で曩に排日移民法修正運動を行つたことのある関係上、加州の一部の人士は今回の企てに対しても悪意ある曲解を試みケチを付けるであろうが……飽までも誠実を以て次代の国民を誘導するならば何時かは必ず酬ひられる時が来よう(72)。

2　答礼人形報道の過熱

だが、一九二七年一一月二五日「天洋丸」で日本から五八体の「答礼人形」が到着すると、三紙とも連日過熱気味の報道へと様変わりする。

たとえば、『新世界』は次のような社説を掲げている。

……この企ては、百の論議、千の理屈よりも、日米両国民の親交をます上に効果がある……(これは)人間の機微にふれる、情愛の問題であるからである……(幼い子どもの内から親善心を育めば両国関係は好転するだろう)米国人の方でも、我が日本の人達の思つて居るやうな心を持つて、我日本の人形を歓迎をさせたい……(73)。

二七日の在留邦人による歓迎会は、日本人移民の熱狂的な歓迎を受け、サンフランシスコの周囲からたくさんの見物人がおし寄せる。「定刻前に入場着席したために開会前には立錐の余地もなく満員となり、遅れてやつてきた市内の人々は入場不可能となり、窓に登つたり、戸外へ(幾十に重なり)会場を覗き見する状態だつたが、それでも大半は見ることもできず帰宅する」(74)という大雑踏であった。冷静だった日本人移民も、「答礼人形」が到着すると本国と同じような興奮を見せている。しかし、アメリカ人には、日本人のような盛りあがりは見られなかった。

……たゞ一つ遺憾なことは白人側の歓迎は日本に於ける碧い眼の人形歓迎当時の如く盛んではないことである(サンフランシスコの新聞でこれを大きく取り上げたのはクロニクル紙だけであり、その他二紙が三〇数行の記事を掲載したが)在留同胞がさわいでいるほど大きく紹介してくれなかつたのは一

すもの寂しい気がする(75)

クロニクル紙を含めて三紙が取りあげており、決して「答礼人形」がサンフランシスコで無視されたわけではない。アメリカ国民が日本人のような熱烈な歓迎を見せなかったにすぎない。だが、彼らはそれに落胆するのである。

3 相互理解の意味――優秀民族としての自負

粂井輝子は「当時の在米日本人」の心情を次のように分析している。即ち「祖国から実力以下に評価されていることへのいらだちと自分たちより同等以下だと思う外国人に差別されていることに、被害者意識をもち始めていた」。彼らは「ゆがんだ優越感と二重の疎外感をもちつつも、なお日本に訴え、その国力をてこにアメリカに根をおろそうとしていた」(76)と。

それは「故国の同胞は、余りに在米同胞を軽視し、どんな無理難題を持ち込んでも構わないというような考えを持」ち、「日頃は棄民扱いしておきながら、何とか、ことが起こると、すぐさま無心をいう」(77)日本にいる人々に対する苛立ちであった。

しかし、同時に「日本と米国は太平洋を挟んで相対立する二強国であり、将来太平洋文明を建設する重大になる責任を双肩に背負つている国家」(78)であり、自分たちはその日本人であるという優越感も同居していた。それが、日本人は他のアジア諸国はおろか、東欧南欧の人々よりも優秀だという意識を生みだしていた。

（「移民法」問題は日米双方の主張に、それなりの合理性があり、簡単には論じることはできない。しかし）人種及び文化の根底を異にする民族と雖も、その素質が優秀であり……先住民族の中に解け込み、然も特殊の長所を土産に持つて来る様なものは排撃（する必要はない）……米国はアフリカ人すら受入れ（ているし）南欧、東欧諸民族の如き、其素質に於て日本人よりも優秀ならざることは、何人にも異議の無い所であらう。（東洋諸民族は帰化不能人クラスに分類されるべきでないという実力と資格をつくることである。それには）日本民族が中堅になり、他の東洋諸民族を指導援助して引き上げて行かねばならぬ……(79)

4　一等国の自負——アメリカと対等な日本

日本人だけは他のアジア人とは違う「優秀民族」である、という意識をもつことでは、国内はおろか、在米日本人移民も関東州大連・朝鮮の在留邦人も同じであった。それは「近代日本の一等国コンプレックス」とでも呼ぶべき、当時の日本人の多くに共通する複雑な自負心であった。

当時の日本の対外姿勢は、大正デモクラシー期を支えた国際協調の線で貫かれていたが、それは欧米に対する一種のコンプレックスであって、日本は中国その他のアジア各国とは違うという意識があった。日本が一九二四年「移民法」に屈辱を感じたのは、まさに他のアジア諸国と同一視された点に集約されるのであろう(80)。

その意味では、アメリカが日本の伝統行事である雛祭りに向けて文化交流を企てたことは、世界列強の一員として日本が認められたことの証でもあった。それが国内では、「移民法」に傷ついた国民の自尊心をくすぐり、熱狂的な歓迎となって表れた。そして朝鮮では、アメリカと対等な文化交流をする日本の存在を朝鮮人に「見せつける」という形で表したのではないかと考えられる。

やがて、アメリカから評価された「雛祭り」や「人形」などは日本文化を代表するもののように、変化していくのである。

I・人形計画の誕生
渋沢栄一とシドニー・ギューリック

シドニー・ギューリック博士(1860-1945年)。1880年から約20年間、日本に滞在

全米に呼びかけた人形計画の趣旨書(英文)。日本ではこれを翻訳して、全国の幼稚園、小学校に配布した

友情人形を抱く渋沢栄一。昭和2年3月3日文部省にて(※)

大正一三年「排日移民法」の成立により悪化した日米関係を改善するために、渋沢栄一は民間人の立場から力を尽くすが、なかなか成果が上がらない。そのもどかしさに苦しんでいた頃、彼の協力者の一人であったシドニー・ギューリックが、日本の子供たちに人形を贈ることで、日米親善を深める"Doll Project"を計画する。

渋沢の働きかけにより、日本政府も全面的に協力することになり、昭和二年早春、約一万二千体の友情人形、いわゆる「青い目の人形」が来日する。

※印の写真は渋沢史料館所蔵。それ以外は横浜人形の家所蔵。なお、その多くは「佐々木資料」(後述)による。

Ⅱ・友情の人形大使

友情人形たち。日本の雛祭りにアメリカの子供の親善と友情を伝える使者として来日

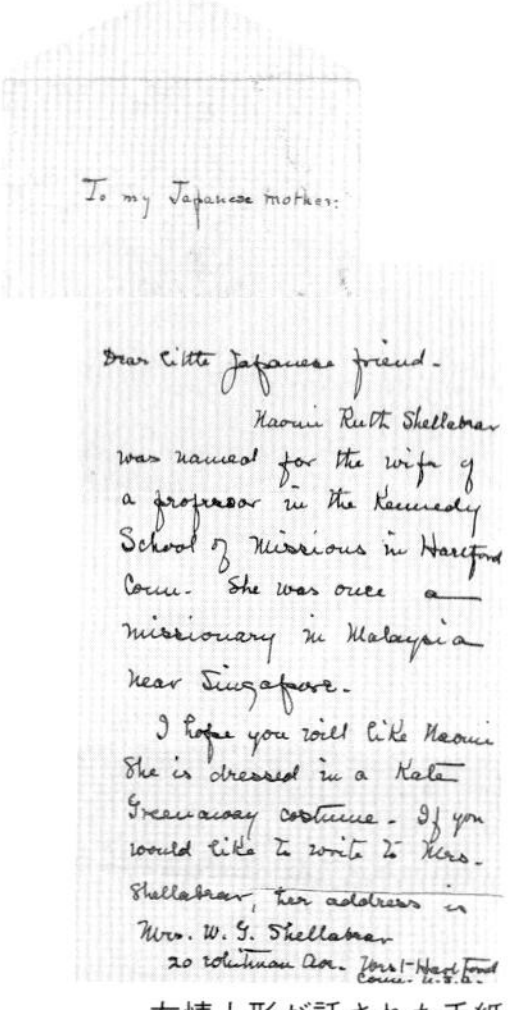

To my Japanese mother:

Dear little Japanese friend -

Naomi Ruth Shellabar was named for the wife of a professor in the Kennedy School of Missions in Hartford Conn. She was once a missionary in Malaysia near Singapore.

I hope you will like Naomi She is dressed in a Kate Greenaway costume. If you would like to write to Mrs. Shellabar, her address is

Mrs. W. G. Shellabar
20 Whitman Ave. West-Hartford
Conn. U.S.A.

友情人形が託された手紙

これらの写真の多くは『アサヒグラフ』（昭和２年３月２日号）特集「人形大使の顔そろへ」に使用された

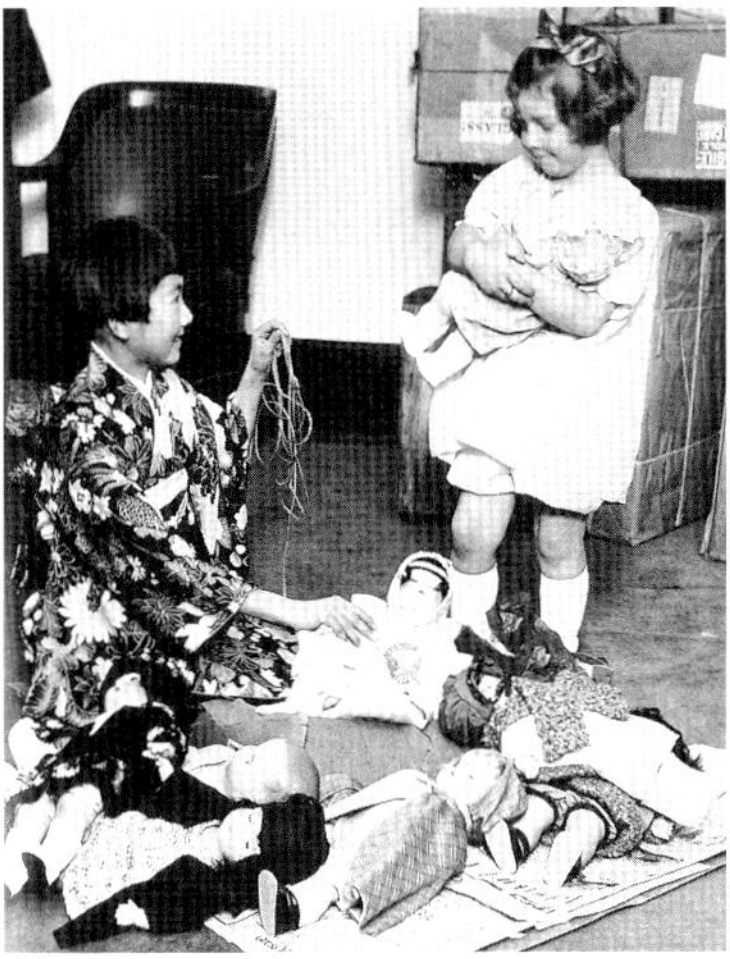

人形の荷造りをする日米の少女

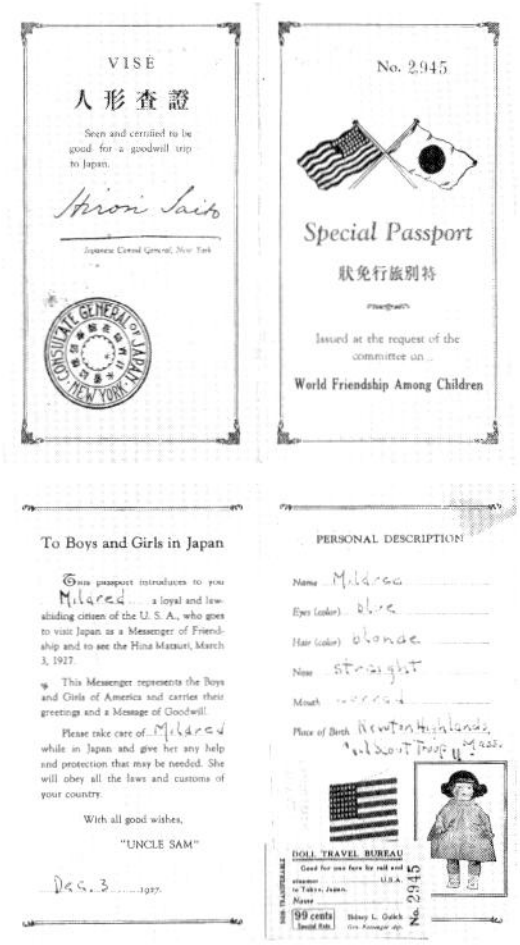

VISE
人形査證
Seen and certified to be good for a goodwill trip to Japan.
Japanese Consul General, New York

No. 2945
Special Passport
狀免行旅別特
Issued at the request of the committee on
World Friendship Among Children

To Boys and Girls in Japan

This passport introduces to you Mildred a loyal and law-abiding citizen of the U. S. A., who goes to visit Japan as a Messenger of Friendship and to see the Hina Matsuri, March 3, 1927.

This Messenger represents the Boys and Girls of America and carries their greetings and a Message of Goodwill.

Please take care of Mildred while in Japan and give her any help and protection that may be needed. She will obey all the laws and customs of your country.

With all good wishes,
"UNCLE SAM"

Dec. 3 1927.

PERSONAL DESCRIPTION
Name Mildred
Eyes (color) blue
Hair (color) blonde
Nose straight
Place of Birth Newton Highlands, Mass.

DOLL TRAVEL BUREAU
No. 2945
99 cents Special Rate
Sidney L. Gulick Gen. Passenger Agt.

友情人形のパスポート

DOLL TRAVEL BUREAU
NON-TRANSFERABLE
Good for one fare by rail and steamer U.S.A. to Tokyo, Japan.
Name
99 cents Special Rate
Sidney L. Gulick Gen. Passenger Agt.
No. 3085

友情人形の切符

国と国とが仲よくするためには、国民一人ひとりが相手の国の文化を理解することが大切だ。しかし、すでに偏見を持っている大人は、なかなかこれを受け入れてくれない。そこでギューリックは、日本の雛祭りに、米国の子供たちが人形を贈り、日本文化に触れるきっかけをつくることで子供たちの間に友情の絆を築くという人形計画をたてる。

ギューリックは世界国際児童親善会を設立して、友情の人形(Friendship-Doll)を日本へ贈ることを呼びかけた。集まった人形の多くは、子供たちがボランティアや募金活動をしながら購入したものであった。女子は人形を選び、衣服を縫い、男子は事務を引き受けて、クラスや仲間全員で名前を付け、親善の手紙を人形に持たせた。

「幼いアメリカ国民の心に日本に対する真の友情を芽生えさせる」、人形計画の狙いをギューリックは語る。それは明日を担う子供たちに託した世界平和の夢だった。

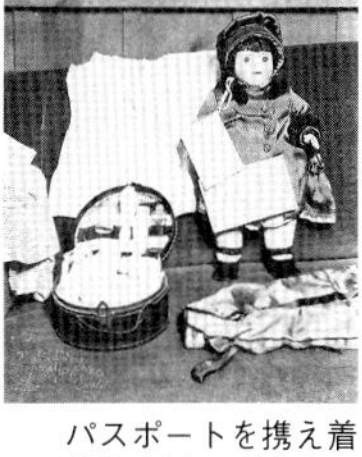

パスポートを携え着替えも持ってきた

Ⅲ・友情人形歓迎会

ようこそ日本へ

東京日日新聞　(七)

可憐な少女の手で結ぶ
日米親善のくさび
十六代様の愛孫順子さんと
米國領事の令嬢ベツテイさん
お人形をまん中に

奇しき縁の
兩少女大使

小さき日米の代表

豪華の名殘り
伊皿子御殿
岩崎勳氏未亡人が
幼主を守って更生への努力

『東京日日新聞』(昭和２年３月２日)人形を授受する日米の少女代表の紹介

栄一の次男武之助家の雛祭りにて。この撮影後に栄一は人形歓迎式にむかう(※)

友情人形歓迎会。３月３日、日本青年館

一九二七年一月一七日、横浜港に第一便が到着してから、次々と友情人形が日本へ贈られた。三月三日、明治神宮外苑の日本青年館で開かれた歓迎会の席上で、約一六〇〇名の日米の子供たちに、渋沢は次のような挨拶をしている。

「私は八〇年もたつた今日、雛祭りの嬉しく楽しい事が真に判つた様な気がするのであります。「三ッ子の魂百まで」と云ふことがあります。……両国の親善を増すには小供の内からやらねばならぬ。その方法として米国から人形を贈（られた）……八十八歳の私がサンタ・クロースになつて日本の皆さんに（人形を）お分けしたいと思ひます。」（『竜門雑誌』第四六二号）。

　会場の正面には日米の国旗が掲げられ、壇上の左側は内裏雛が美しく並び、右側には日本人形が「青い目の人形」を迎えるかのように飾られていた。

　やんちゃな子供時代を過ごした渋沢は、雛祭りへの興味はおろか、それを楽しんだ思い出もあまりなかったというが、八十八歳になり、はじめてその楽しさを知ることになる。

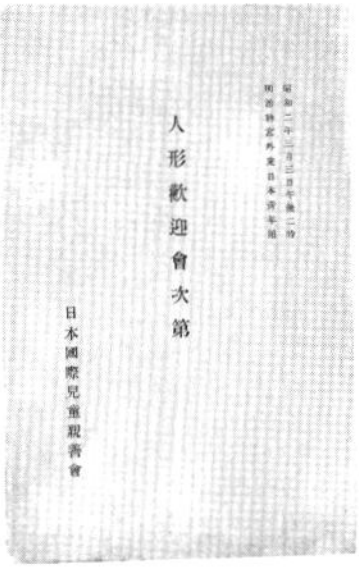
昭和二年三月三日午後二時
明治神宮外苑日本青年館

人形歡迎會次第

日本國際兒童親善會

人形歡迎會次第

一 開會
二 國歌合唱
　イ 國歌（君が代）
　ロ 米國國歌（The Star-Spangled Banner）
三 經過報告
四 米國兒童の挨拶
五 唱歌（Doll Song）
六 人形のお迎へ
七 日本兒童の挨拶
八 唱歌・人形を迎へる歌
九 人形の着座
一〇 來賓の御挨拶
一一 閉會
奏樂

友情人形歓迎会次第

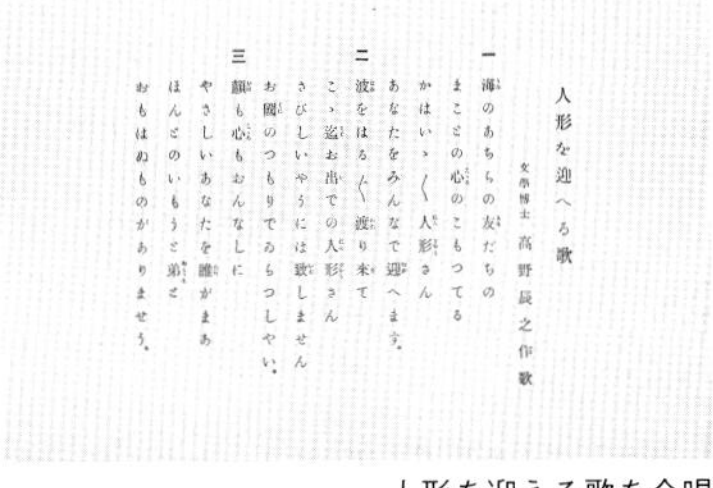
人形を迎へる歌

文學博士 高野辰之作歌

一
海のあちらの友だちの
まことの心のこもつてる
かはいゝ〳〵人形さん
あなたをみんなで迎へます。

二
波をはる〴〵渡り來て
こゝ迄お出での人形さん
さびしいやうには致しません
お國のつもりでゐらつしやい。

三
顔も心もおんなしに
やさしいあなたを誰がまあ
ほんとのいもうと弟と
おもはぬものがありませう。

人形を迎える歌を合唱

「ミス・アメリカ」以下各州の代表人形は３月14日横浜に到着し、天洋丸の社交室で代表人形授与式を行う（昭和２年３月18日）

代表人形を受け取り天洋丸のタラップを降りる少女たち

本牧小学校での歓迎会。最上段中央にミス・アメリカの姿が見える

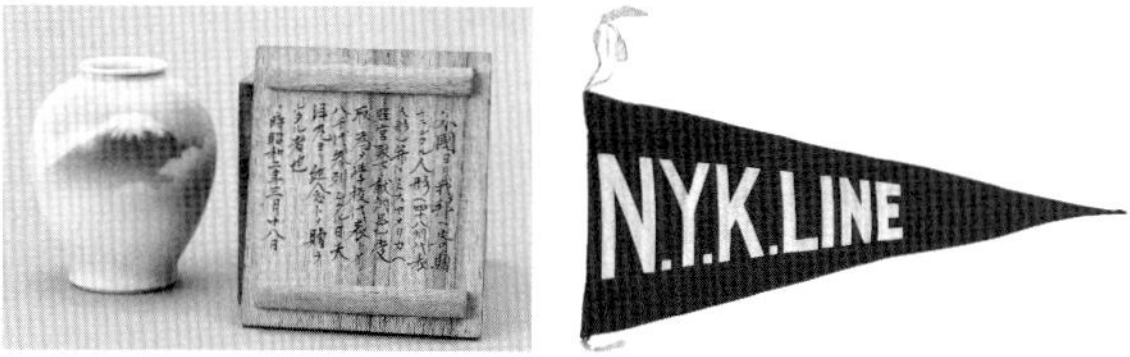

人形授与式で少女たちに贈られた記念の壺とペナント

Ⅳ・各地での歓迎会
子供たちの憧れ

三重県片田尋常高等小学校

三重県桑名町立桑名幼稚園

日本に贈られた友情人形のうち約一万千体が、文部省普通学務局によって全国の各小学校、幼稚園へと配付された。そして各地で盛大な歓迎式が繰り返し行われ、父兄や地域住民まで広がる国民的行事となっていった。

横浜人形の家所蔵の佐々木資料からも、小学校一年生が児童総代として歓迎の言葉を檀上で述べている様子や、友情人形が日本人形に囲まれていたり、相撲大会を観戦させたり、園児が雛人形に仮装するなど、工夫に富んだ熱烈な歓迎ぶりが伝わってくる。

多くの子供たちが着物を着ていた当時、米国に比べてその生活は貧しかった。洋装で、身体を前後に倒すとママーと泣き声を上げ、抱き起こすと眼を開け、寝かせると眼を閉じる友情人形の姿や構造は、日本の子供たちにとってもの珍しく憧れの的だった。

相撲を観戦する友情人形。三重県加茂尋常高等小学校

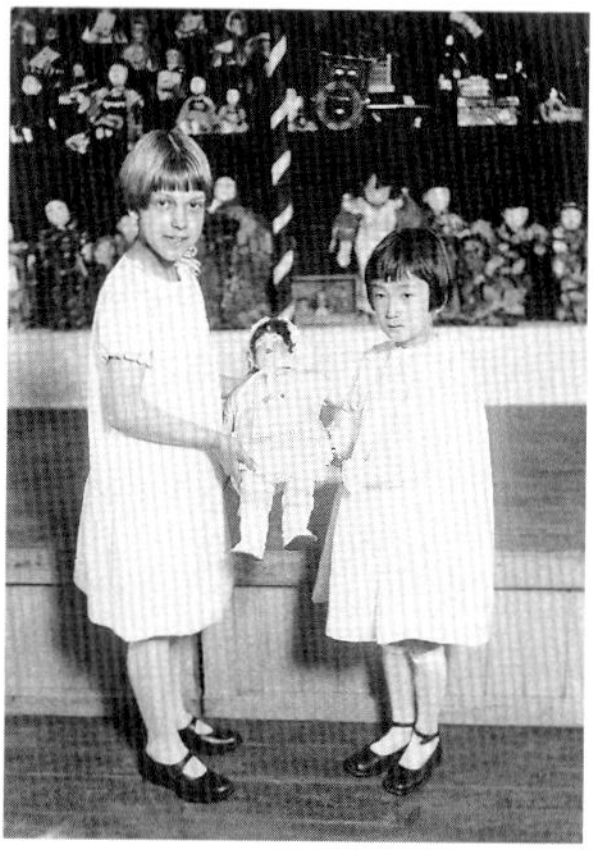

長崎県人形歓迎会

日本人形に囲まれている青い目の人形。三重県桑名第四尋常高等小学校

朝鮮半島での友情人形歓迎会。写真の裏には、「米国使者人形歓迎会状況　黄海道教育会　海州郡教育会主催　昭和二年九月十七日撮影」と記されている

私立東郷坂幼稚園（東京）

三重県桑名第二尋常小学校

石川県人形歓迎会

V・友情人形代表ミス・アメリカ

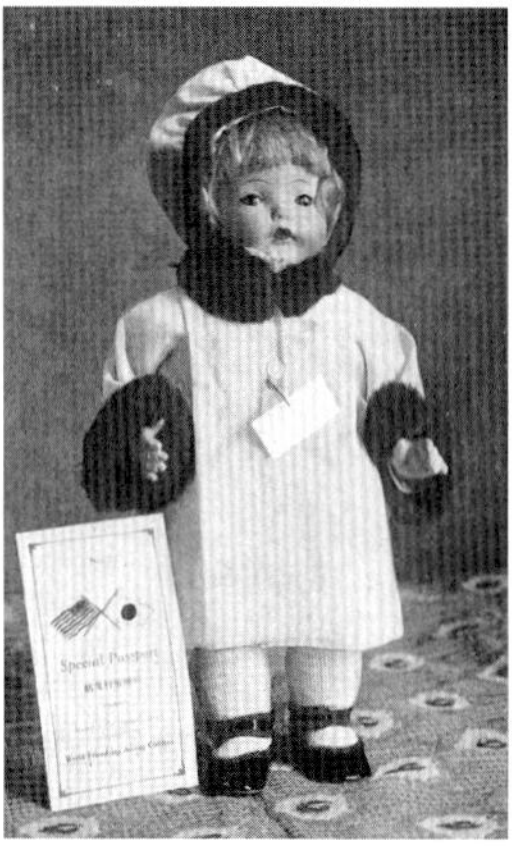

全国学校科学教育展覧会の「ミス・アメリカ」と各州代表人形の展示を予告するチラシ
右は、ミス・アメリカ。そのパスポートには、“アンネシレー、ニューヨーク生まれ、青い瞳に金髪、ふっくらとした鼻、小さな口”と記されている

東京博物館展示の「人形の家」。２階は洋間、１階は日本間。右は、夏服のミス・アメリカ

代表人形は皇女照宮に献上後、下賜された。『中外商業新報』(昭和２年４月３日)

友情人形の多くは、三つの主要メーカーから購入された人形だが、家から大切なものを持ち寄る人もいた。それらの中から各州を代表する人形が選ばれ、さらに代表人形ミス・アメリカが選抜された。

皇后からの下賜金で、東京博物館（現・国立科学博物館）に「人形の家」がつくられ、代表人形たちは展示された。人形の家は檜材の二階建ての日本家屋で、庭には遊具なども置かれた。それは当時流行りの文化住宅風のつくりであった。

Ⅵ・雛祭りのお客さま

雛祭りの仲間入り。三重県久居尋常高等小学校

友情人形歓迎の様子を伝える記録映画に、渋沢は雛祭りのお客さまとして出演。三越呉服店にて(※)

三重県西拓殖尋常高等小学校

渋沢武之助家の雛飾り・雛人形の隣に友情人形と日本人形が飾られている(※)

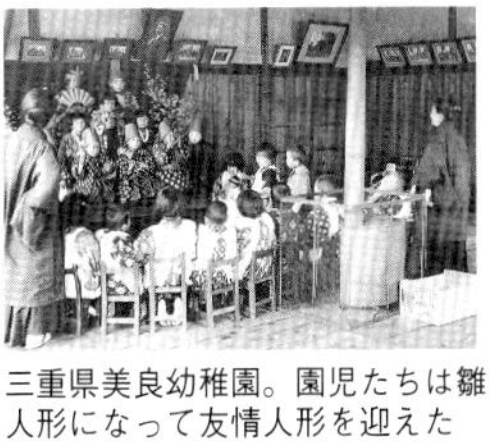

三重県美良幼稚園。園児たちは雛人形になって友情人形を迎えた

三重県富田尋常高等小学校

　基本的には玩具にすぎない西洋人形とは異なる、日本には独自の人形文化がある。特に雛祭りは、子供の玩具であった人形に、健やかな成長を願う節句の祓いに基づいた信仰的な要素が加わり、いつの間にか立派な鑑賞性を備えた雛人形へと発展した。

　人形には日米間の文化の違いが凝縮されている。しかもその主役が子供であることに、ギューリックは着目し、異文化交流の可能性を見つけたのだ。

Ⅶ・答礼人形送別会

開港記念会館で催された「濱子」の送別会（昭和２年10月11日）

日本側も、子供たちの一銭募金により五八体の答礼の日本人形を製作して、クリスマスに間に合うように米国へ贈った。参加児童は友情人形が贈られた学校の女子約二六九万人を予定していた。

　しかし、歓迎会には男子も参加していること、配付校を中心に近隣の学校が合同で歓迎会を催したこと、そして社会的な関心の高さに加えて、返礼は当然という雰囲気もあり、保護者も積極的に募金に応じ、目標額を大きく上回った。

　答礼人形一体分の標準価格は、およそ三五〇円。厳選された人形師による、量よりも質を重視した高価な人形であった。渋沢が代表人形を「倭日出子」と命名し、各地の人形は東京花子、長崎瓊子、筑波かすみ、日光幸子など、それぞれ出身地にちなんだ名前が付けられた。

　各地で送別会が開かれた後、一一月四日、明治神宮外苑の日本青年館で、皇族をはじめ、文部大臣、外務大臣、アメリカ大使ほか、二〇〇〇人の日米の少女が集まり、盛大な送別会が開かれた。

送別会の様子

横浜市代表の答礼人形・濱子

答礼人形58体の送別会（昭和２年11月４日）。挨拶をする渋沢栄一。中央は粟屋文部次官（※）

（※）

答禮人形送別會次第

司會者 文部次官 粟屋謙

一 開會

二 國歌合唱

イ 國歌（君が代）

ロ 米國々歌（The Star-Spangled Banner）

三 趣意報告

四 日本兒童の送別の辭

五 米國兒童の挨拶

六 人形送別の歌

七 來賓の御挨拶

八 奏樂

九 閉會

附 活動寫眞

答礼人形送別会次第（昭和２年11月４日）

人形を送る歌

右は、友情人形を受領した幼稚園・小学校に、答礼の人形を贈ることを呼びかけた小冊子（昭和２年）

Ⅷ・答礼人形の旅立ち

横濱貿易新報　昭和二年十一月十一日

黒い目のお人形さん
お名殘りの鹿島立
テープを握っていたいけの子供達が
別離を惜しむ涙ぐましい場面

義侠の巡査
健氣な少年を救ふ
聞けば涙ぐましい
其少年の堅い決心

横浜港から答礼人形の旅立ちを伝える新聞記事。（昭和２年11月11日）『横浜貿易新報』神奈川県立文化資料館所蔵

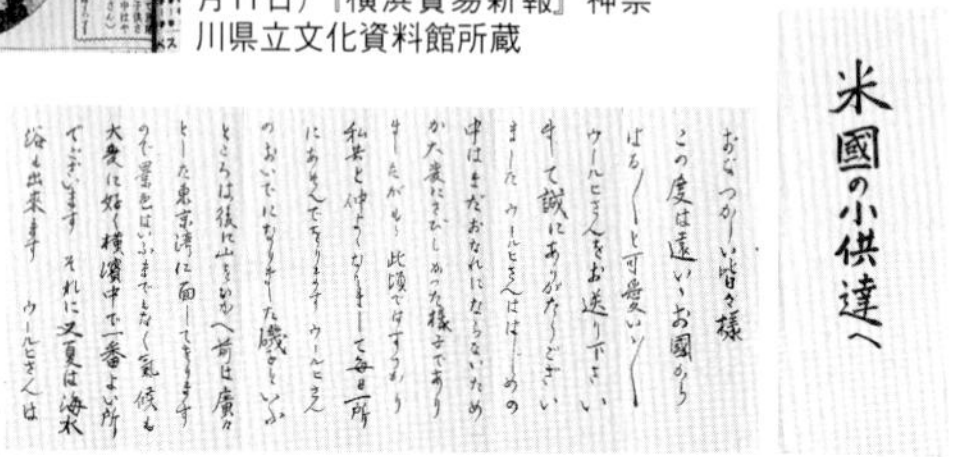
米國の小供達へ

おなつかしい皆々様
この度は遠いゝお國から
はる〳〵と可愛いゝ〳〵
ウールヒさんをお送り下さい
まして誠にありがたうございい
ました　ウールヒさんははじめの
中はまだおなれにならないため
か大変にさびしかつた様子でありま
したが　此頃ではすつかり
私共と仲よくなりまして毎日一所
にあそんでをります　ウールヒさん
のおいでになりました磯子といふ
ところは後に山をひかへ前は廣々
とした東京湾に面してをります
ので景色はいふまでもなく氣候も
大変に好く横濱中で一番よい所
でございます　それに又夏は海水
浴も出来ます　ウールヒさんは

「濱子」に添えられた子供たちの手紙

金門学園にて整列した58体すべての答礼人形（サンフランシスコ）

「海を越えてはるばると　可愛い答礼使を送る　渋沢さんの眼にも涙が光った　けふお人形の送別会」（『東京朝日新聞』）。

一一月一〇日、答礼人形は前普通学務局長・関谷龍吉などの付添いで船に乗り、横浜港を出発した。

東京・横浜の小学生約二五〇〇人が見送る中、代表人形・倭日出子が甲板に立ち、見送りの人たちとの別れを惜しむ。一九日ハワイ、二五日にはサンフランシスコに入港し、在米日本人たちの熱烈な歓迎を受けた。

この答礼人形の最も大きな役割は、国際的な立場から、日本人形が日本の伝統文化を代表するということを人々に知らしめたことである。

東京市代表「東京花子」。約81cm、2・3歳児の背丈ほどの高さであった

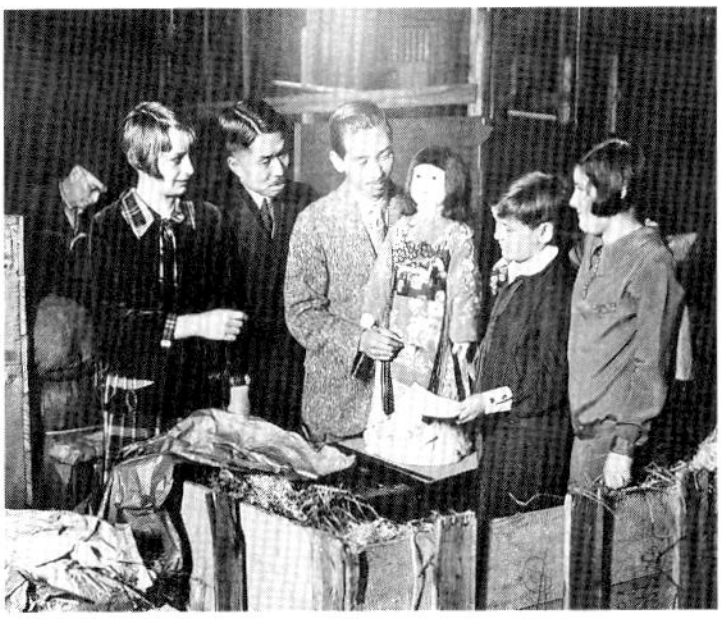

横浜市代表・濱子の解梱風景

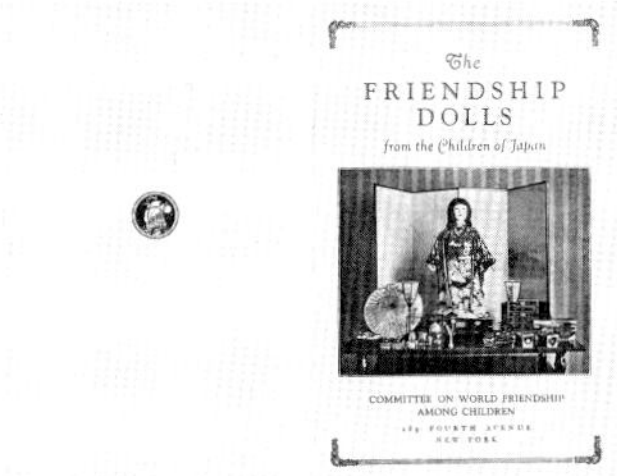

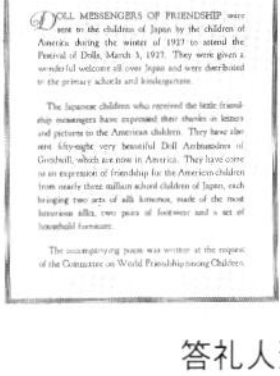

The

FRIENDSHIP DOLLS

from the Children of Japan

DOLL MESSENGERS OF FRIENDSHIP were sent to the children of Japan by the children of America during the winter of 1927 to attend the Festival of Dolls, March 3, 1927. They were given a wonderful welcome all over Japan and were distributed to the primary schools and kindergartens.

The Japanese children who received the little friendship messengers have expressed their thanks in letters and pictures to the American children. They have also sent fifty-eight very beautiful Doll Ambassadors of Goodwill, which are now in America. They have come as an expression of friendship for the American children from nearly three million school children of Japan, each bringing two sets of silk kimonos, made of the most luxurious silks, two pairs of footwear and a set of household furniture.

The accompanying poem was written at the request of the Committee on World Friendship among Children.

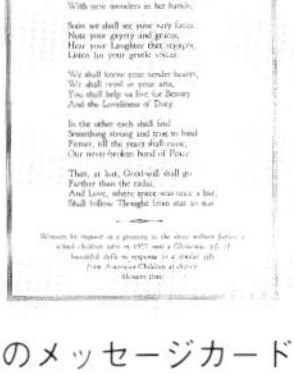

Friends Across the Sea

By ROBERT UNDERWOOD JOHNSON

Little sisters of Japan,
Now is distance but a span—
Love has brought our spirits near,
We are there and you are here.

Our sky of yesterday you see,
Yet nearer still we [illegible] shall be,
For Science, childhood's fairy, stands
With new wonders in her hands.

Soon we shall see your very faces,
Note your gayety and graces,
Hear your Laughter that rejoices,
Listen for your gentle voices.

We shall know your tender hearts,
We shall revel in your arts,
You shall help us live for Beauty
And the Loveliness of Duty.

In the other each shall find
Something strong and true to bind
Firmer, till the years shall cease,
Our never-broken bond of Peace.

Then, at last, Good-will shall go
Farther than the radio,
And Love, where space was once a bar,
Shall follow Thought from star to star.

[illegible]

答礼人形のメッセージカード

Ⅸ・アメリカでの歓迎

おじさんにご挨拶

答礼人形歓迎会(ワシントン)。昭和２年12月ワシントンの日本大使館にてギューリックと松平大使夫妻

米国婦人と握手

答礼人形歓迎会(ニューヨーク)。昭和２年12月。ニューヨーク市長ウォーカー氏をはじめとする人々の歓待を受ける

ホテル・ラ・ソール(シカゴ)に於ける歓迎会(昭和２年12月16日)(※)

答礼人形は二手にわかれてニューヨークに向かい、各地で歓迎式に出席しながら移動した。

ワシントンで、松平駐米大使夫妻や国務長官夫妻との午餐会、ナショナル・シアターで答礼人形の公式歓迎会が開かれ、松平の令嬢からデービス労働長官令嬢へ代表人形が手渡された。翌日のニューヨークでも、オートバイの先導で車に乗り賓客なみの厚遇を受け、歓迎会の後、人形はデパートに展示されたという。

アメリカ巡回中の五四日間に公式歓迎会だけでも五三回を数え、その後各州の美術館等に保管された。日米両国内の悪化した国民世論を改善するという意味では、人形計画は大成功であった。

国と国の交流という枠を越えて、人と人との交流を目指し、明日の子供たちに世界平和を託した渋沢とギューリックの夢は、ここに小さな花が開いたのである。

日系の少女たちに囲まれて

婦人たちにも歓迎された

「ミス・鳥取」と米国の子どもたち

大きな答礼人形を抱いて

X・ノースカロライナ州と答礼人形ミス香川

子供たちに囲まれて(日曜学校)

「ミス・香川」と記念撮影(幼稚園)

女子学生も日本文化を学んだ

答礼人形は多くの米国人と親善を深めた

太平洋戦争中ノースカロライナ州立自然歴史博物館に展示中の「ミス・香川」のかたわらには、おおよそ次のような意味の説明文があったという。

「われわれは日本の侵略阻止を決意しているが、日本人すべてを絶滅させようとは考えていない。平和と善意、そして人間同士が自由に生きることの信念を捨ててはならない。無情な支配者の手の中にある日本の人々にもこのような善意がある。かつて日米の子どもたちを通して交換されたこの人形は、それを証明するものだ」*

佐々木資料には、一九二八年五月ごろ、ノースカロライナ州各地の幼稚園、日曜学校、ハイ・スクールでミス・香川がそれぞれの場所を訪れ、親善を深めている写真が残っている。数十年後の世界平和を目指し、明日を担う子供たちが異文化理解を図るというギューリックの願いは小さな実現をみていた。

博物館にあった説明文の背景には、答礼人形ミス・香川とノースカロライナ州の人々との温い交流があったのだ。

*アメリカ在住の人形研究家・小林恵が発見した。原文・詳細は武田英子『写真資料集青い目の人形』（山口書店、一九八五年）参照されたい。

佐々木資料

平成三年に横浜人形の家に寄贈された旧文部省職員・佐々木豊治郎が保管していた写真資料と関係文書。佐々木は、人形交流全般にわたり実務面で尽力し、答礼人形の付き添い人として渡米した。

青い眼をした人形
憎い敵だ許さんぞ
童心にきくその處分

假面の親善使

速かな處置を
文部省國民教育局
久尾總務課長談

働く女性

XI・人形たちのそれから

青い目の人形を敵性視する記事『毎日新聞』(昭和18年２月19日)

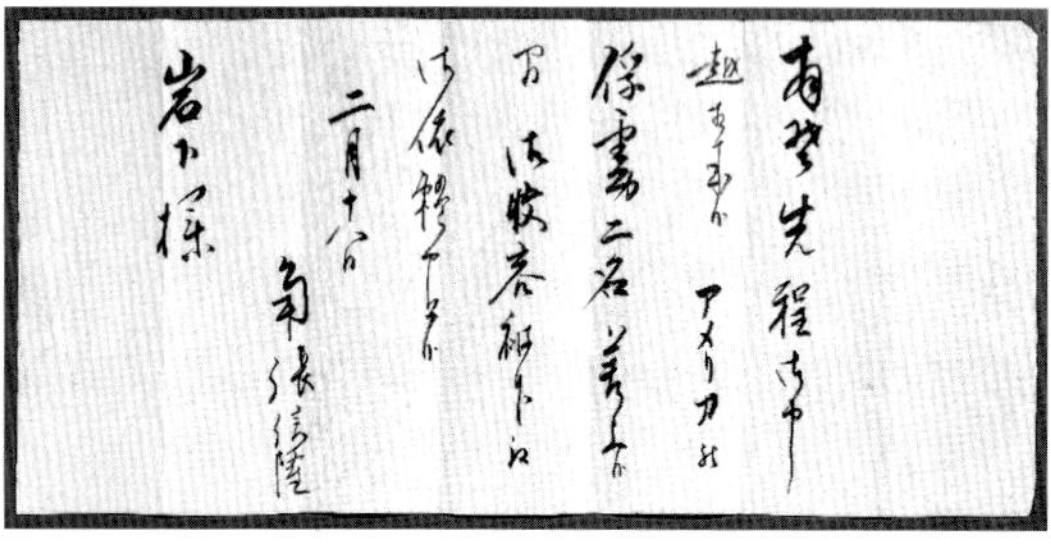

青い目の人形を「俘虜」として「収容」することを託した依頼状。昭和18年２月18日付。痴娯の家・蔵

奉安所(横浜市西前小学校)。現存する友情人形のいくつかは奉安所の引き出しにしまわれて戦争の難を逃れた

友情人形が第二次世界大戦中に敵のスパイと見なされ、処分された事実は有名だ。人形さえも敵愾心高揚のために利用した戦争中の教育とは何か。このような行為を生みだした土壌を真剣に問い直さない限り、本当の意味は見えてこないだろう。

同時に、人形交流の原点が「人と人とがお互いに理解し合うことの必要性」であったことも心に刻んでおきたい。

他国の文化に触れることで、互いの理解を深める国際文化交流の先駆的な事例として、私たちは人形交流の意味を未来に向かって問い続ける必要がある。

第5章 予期せぬ波紋

雛の左右と人形と子供

1 雛左右論——天皇に模して

1 朝鮮と雛祭り

ここでは人形交流に符合するかのように起こる昭和初期の雛人形の左右論争、雛祭り観の変化、および日本で誕生する「子供」あるいは「人形」を利用した国際文化交流の事例等を追跡することで、人形交流が及ぼした国内への影響を見てみたい。

人形に対する呪術的要素が強い朝鮮は、本来人形があまり存在しない地域である。だが、一九二七（昭和二）年二月二五日『京城日報』は、断続的に連載された雛祭りの紹介記事の締め括りとして、次のような一文を掲載している（太字は原文のママ）。

雛祭と端午の節句は……国粋的年中行事の双美で誠に畏れ多い事では御座いますが**内裏様は皇室を象徴している**（これは）皇室中心主義の……大きな現れと申されませう……昭和の新帝を迎へ奉つたこの春に国民的思想を涵養するに最もい丶機会と考へられます。**先頃来**日米両国親善のくさびとして青い目をしたドル・メッセーヂが……わが国に送られ……今年の**雛祭は**特に意義深いものではありませんか。

人形は……朝鮮の各学校へも無論まいります……まいりまして、みなさんの手にいたかれ、はじめて日本のおひなまつりによばれ……永久に日本のこどもになるのであります。

……**どこの国でも**おもむきの深いお祭りがありますが、中でも日本の雛祭は、こどもを中心にしたもので、世界のどこの国にも見られないものです。そのお節句にわざ〳〵、人形をおくつてくれるアメリカのこどもの心をわれ〳〵日本のこどもはよく感謝せねばなりません。

雛祭りにアメリカから送られた友情人形は、朝鮮の児童に日本文化を浸透させるための、格好の題材であった。これが一九三一（昭和六）年朝鮮に雛祭りの風習を根づかせるために日比谷公会堂で行われた女学校校長会による雛人形贈呈行事に結びつき、もともと雛祭りの風俗もなく、人形を愛でるという習慣もあまりない朝鮮や満州に強引に日本の人形文化を押しつけるという、後の人形使節の原点になるのである（次節参照）。

やがて、このような意識は、日本国内の雛祭りの解釈にも微妙な影響を与えることになる。

2 雛人形の並べ方

日本の雛祭りは、内裏雛を中心に思い思いの人形をもち寄る、いわば人形祭りである。飾り方にも、もともとやかましい決まりがあるわけではなく、よく話題になる男雛、女雛を左右どちらに置くのかについても、正しい答えというものはない。桜橘の左右（左近の桜・右近の橘）や五人囃子の並び方（向かって右から謡・横笛・小鼓・大鼓・太鼓と、左へ行くほど大きな音の楽器が並ぶ）など、心得ておいた方がよいこともあるが、それ以外は自由に飾り、めでたく雛祭りを祝えばよい。

もっとも伝統的に日本では左（向かって右）を大切にする風習があったらしく、江戸から明治・大正期は例外もあるが、向かって右に男雛、左に女雛が並んでいることが多い。たとえば一九二六（大正一五）年に「東京雛人形卸商組合」が皇女照宮に献上した雛人形も、向かって右に男雛を置いている(1)。しかも、江戸から明治、大正にかけて風俗画や挿絵、浮世絵等に描かれた内裏雛も、例外はあるがほぼそのような並べ方になっている。だが今日デパートの店頭などで見かける人形は、基本的にはその反対で、結婚式の新郎新婦のような並びになっている。

これは西洋風の右を尊ぶ並べ方であり、一九二八（昭和三）年昭和天皇の即位式を報道する新聞の紙面に掲載された天皇夫婦や御真影（一部の学校などに宮内省から配布された天皇皇后の写真）の位置などにならったことに由来する。そして雛人形を天皇の姿に結びつけるという発想は、人形交流により雛祭りがアメリカから評価されたという意識と深い関係があるのである。

当時、人形研究家として人形界に大きな指導力をもっていた日本画家西沢笛畝(2)は、次のように述べる。

即ち「青い眼の人形使が……雛祭りの段上にはるばる海を越えて参列してから」(3)日本の雛祭りは一層世界的になった。アメリカが日本に対して人形交流を企てた理由は雛祭りにある。これは「日本が世界の五大強国と称される様になつて一層国風や習慣風俗の研究」(4)がアメリカの人々に興味をもたれたからであると。

そして、彼は一般の人々の啓蒙のために『雛』を著し、そこで新たな内裏雛の配置法を提唱する。これについて、一九二九(昭和四)年二月二五日『都新聞』での山本悌二郎農相夫人との対談で、次のように語っている。

西沢「雛祭りと云ふ事が、日本だけの事でなく、世界の国々に其の名を響かせ……ちやうど外国のクリスマスと同じようになくてはならぬものになりました。」
山本農相夫人「……昨春の人形交換……の如き……国交上に稗益するところがあつたのは……嬉しく感じます。」
西沢「是も雛祭りと云ふものが、海外に知れて来たから(であり)……外人から雛飾りに際して、男雛女雛の位置に就いて問合せを受けるので閉口します……なにしても日本人としては此の尊い国体を誇らねばならず、同時に儀式的には皇室に範をとる事が何よりと考えまして現在の両陛下の御位置……にかたどつて……雛人形としては畏れ多い事ではありますが、日本国民としてどうしても此例に倣ふ事が然るべきと云ふ愚考から、理論を別にして世界的になりつゝある雛祭りのため、自分の所論をこれに定める事にいたしました／……雛人形が平和の提唱者となつていよ〳〵世界的に有意義な使命をはたす事になると信じます、それにつけても……皇室中心主義の上から配列する様と願ふ所であります。」

外国人に雛人形の並べ方を質問されても答えることができないほど、雛人形の左右はどちらでもよかった。そこで西沢は御真影などにならい天皇皇后の並び方に従って、雛人形の左右の位置を決定するよう提唱するのだ。その理由は、人形交流により世界的に有名になった雛の飾り方にも国体を反映させることにあったからである。そして「東京雛人形卸商組合」は、西沢の提唱に答えて、天皇にならった配置法を正式決定し(5)、関東大震災以後、規格化された販売方法などによって、雛の飾り方が全国的に統一され始める(6)。

3　伝統的な雛祭り観の変容――ナショナリズムのなかで

「桃の節句」として親しまれている雛祭りの起源は、古い中国の民間伝承までさかのぼる。日本では、季節の変わり目（節句）に人を犯す悪気を祓うために、神の形代（カタシロ）や自分の穢れを人形（ヒトガタ）に移して、川や海に流すことが節句の古い行事となった。また、このような信仰に関係なく、貴族の女子が人形で遊ぶことを「ひひな遊び」と呼んでいた。この二つが互いに溶けあって、いつの間にか、人形を作り・遊び・楽しむ行事に変化した、と考えられている。

現在のような雛祭りが、書物のうえに表れるのは江戸時代の初めだが、「雛祭」という言葉が定着し、子供の初節句を祝う行事として人々の生活のなかに浸透したのは、一八世紀中頃である。一七世紀後半頃に、民間では「雛遊び」が三月の節句に行われる年中行事となり始め、一八世紀頃をさかいに、雛道具を中心とした「雛遊び」から、雛人形を飾り楽しむことを目的とした人形祭りの要素を強める。それが次第に地方へも広がり、「雛祭」という言葉が定着し、女子の誕生を祝う行事として、江戸の人々の生活のなかに浸透したと考えられる(7)。

つまり、雛祭りは徳川幕府が定めた五節句（人日、上巳、端午、七夕、重陽）が民間に広がり、江戸時代中頃、年中行事としての形を整え発展した比較的新しい行事であり、内裏雛という呼び名はあるが、天皇にあまりなじみのない江戸の人々にとって、雛人形は漠然と高貴な人の姿と考えられていたらしい。江戸期の文献を博捜した山田徳兵衛は、一八四四（弘化元）年から一八五九（安政六）年にかけて刊行された大蔵永常『広益国産考』をのぞいて、「内裏雛を天皇御夫婦とみて、雛祭りと皇室尊崇を説いたりする文章は……江戸時代に見あたらない」(8)と述べている。またこれは、当時の俳諧を分析した有坂与太郎などの研究(9)によっても明らかである。

また、明治に入っても、雛と天皇を結びつけるという論調は皆無とはいえないがあまり見られない。

たとえば、一八九三（明治二六）年『風俗画報』には主筆山下重民の署名入りの「雛祭」と題する一文がある。そこで山下は、雛祭りは勤皇の心を起こさせるなど教育的な利点があると説いたあとに、「然るに此の習慣を無用なりとして排斥せむとするものあり。畢竟思慮を費やさざるに因れり」(10)と述べている。つまり、旧習のものとして雛祭りを排斥しようとする明治維新以来の風潮があるが、よく考えてみれば雛祭りは皇室尊重にも結びつく有益なものであるとして、その存続を弁護しているのである。

裏を返せば、世間一般では雛と天皇を積極的に結びつけて考える人は少なかったことを暗示している。また、大正期の新聞を調べても、雛祭りに童話を話したり、大震災で焼け出された子供や恵まれない子供たちを慰めるために雛祭りをしたという記事がよく見られる(11)。これ一つをとってみても江戸から大正にかけての雛祭りは、一部には山下のような論調はあるが、世間ではあまりかた苦しく皇室尊崇や教育的意義などと結びつけて語られていなかったことがわかる。

雛祭りが天皇制に結びつけられて、次第にいかめしく国内で論じられ始めるのは、すでに見たように昭和天皇の即位式の後である。また、そのような国内の風潮を前述の『京城日報』の記事が、先取りしていることは興味深い。やがて、雛人形に天皇の姿を投影するという論調は次第に声高になり、一九三三（昭和八）年改訂の国定教科書にも影響を及ぼすのである。

文部省は「内裏雛の左右の位置に就いては宮中の御座及御真影奉掲に倣ふことを主張」(12)し、小学国語読本四「ヒナマツリ」の挿絵を、これまでとは逆に男雛の位置を向かって左へ改め、江戸の庶民が作りあげた町雛である古今雛から公家の服装を忠実に再現した有職雛に図像も変更し、男雛の冠の付属具

『尋常小学国語読本』巻四（右）昭和８年（左）大正７年

である纓も、垂纓から天皇の冠につけられる立纓（上を向いて直立した纓）にかわるなど、より天皇の姿に近づけた挿絵が描かれている。前述の西沢笛畝の主張が、教科書にまで採用されるのである。

やがて「……上つ方のお姿をかりて忠君愛国の思想を雛飾りによつて知らしめる……外国人は雛人形を最も賞賛しているので、近代は日本の精神を外国へ紹介する意味においても大切……」[13]という文部省官僚（社会教育局家庭教育係大場栄作）の言葉にもあるように、内裏雛に天皇制が投影され、次第に雛祭りや日本人形は日本文化を代表するもののように扱われる。

こうして日本固有の文化の伝達という役割を、日本人形が担うことになると、対外的にも日本人形の芸術上の権威づけが必要となる。同年帝国美術院美術展（帝展）第四部（美術工芸）が設置されたことも手伝って、それまで職人の地位に甘んじていた人形製作者を刺激し、人形芸術運動が始まる。そして昭和一一（一九三六）年「挙国一致の指導機関」をめざす帝展改組第一回展で、人形は初めて入選を果たし、創作人形が芸術の一分野として国家的に認められるなど世界的にも類例のない地位を獲得するまでになるのである(14)。

そして、人形芸術確立の機運を高め人形の社会的イメージの向上と注目に寄与したのが、昭和初期に盛んに誕生する海外への人形使節であった。一九三〇年代に、日本では日米人形交流の影響を受けた「人形」や「子供」を利用した、国際文化交流が生まれるのである。

2 人形・子供使節の誕生――昭和初期の国際交流の事例

1 国際交流における日本人形の役割

日本人形は、諸外国への贈答品や土産物、時には人間の身代わりの「親善使節」として国際交流で活用されるなど、日本文化を象徴する役割を担うことが多いが、このように人形が使われ始めるのは昭和初期であり、その直接的なきっかけも日米人形交流であった。

特に、昭和初期の日本では人形交流の影響を受けて、子供を中心とした国際交流や人形使節が繰り返し試みられている。管見の限り、国際交流のなかで人形をこれほどまでに積極的に活用する例は諸外国には見られない。

日露戦争後の日本では、「民間レベルで外国との友好関係や国際平和の維持を目的とした国際的な親睦団体」(15)が、多数誕生する。しかし、これらは互いの国の文化の研究や紹介、留学生の支援などが中心で、スポーツの親善試合などを除いて、人形交流ほど大規模で、かつ社会的に注目された国際的文化交流の事例は他に見られない現象である。

人形交流により人形界は「俄然冬眠より覚めて、人形の向上が叫ばれ」(16)てきたといわれるが、たしかにこれは日本人形の社会的な地位を向上させるための契機であった。

たとえば、一九三三年鉄道省国際観光局長佐原憲次は、「人形の国際的使命」と題した講演で、人形は「堂々たる外交官以上の役目をする」と同時に「芸術品として国際観光上有意義なものである」、「人形は国民性を表現することであり……日本の芸術を知らしめる」存在である、と述べている(17)。また、人形製作が芸術上の地位を獲得した松田改組で知られる文相松田源治は「……近時、日本人形が国際親善の使いとして外国へ行き、日本の伝統の優美さを知らしめると同時に、外交上の意義を有するようになったことは新しき現象である」(18)と記している。

もっとも、一九二七年以前にも海外の博覧会への出品(19)や日本赤十字少年団が世界一〇カ国へ人形を送る(20)など、日本の文化を紹介する手段として、その時々に応じて使用されてきた。しかし、それらは人形交流ほど世間から注目されず、外務省や文部省等の公的機関の積極的な援助もなかった。

たとえば、一九三二(昭和七)年『吉徳商店パンフレット』には、人形業界が関係した世界各国への人形使節や贈呈人形の記録がある。そのもっとも古い例は、一九二四(大正一三)年にローマ法王庁に献納したとされる「『雛節句の図』人形」である。

文部省宗教局が「日本古来の儀式的遊戯の一例」として、「雛人形」を「ローマ布教博覧会」へ出品するために、吉徳商店(現株式会社吉徳)と久月総本店(現株式会社久月)に製作を依頼した(21)。両商店主はこの依頼を承諾するにあたって、「日本全国の同業者を代表して千年来の雛人形を南欧の地に紹介する事の重責」を感じた。そこで雛祭りの風習を海外へ紹介することが、業界全体の発展のためだという合意のうえで、両商店の合作にした。そして、それを永遠に紹介するためにローマ法王庁に献納することにした、という(22)。

この例からもわかるように、「ローマ布教博覧会」は、人形業界にとって大きな出来事であったが、出品された雛人形はあくまでも日本の風俗を伝える展示品の一部にすぎなかった。

また「東京玩具卸商同業組合」創立二五周年を記念して刊行された、一九三五（昭和一〇）年の『東京玩具卸商同業組合史』には、海外の博覧会への人形の出品記録はあるが、人形使節の記録はない。後の『東京玩具人形問屋協同組合七十年史』（一九五六年）になって、初めて「国際人形使節」の項目が登場するのである。業界関係の記録から見る限り、一九二七年以前に、人形使節の形式で諸外国との文化交流をはかった例は見られない。

また、公式に外国の元首に日本の土産物として日本人形が贈呈された記録は、一九三一（昭和六）年四月八日シャム国（現タイ）の皇帝と皇后に、日本の皇后から宮中鳳凰の間で二尺七寸（約八一センチ）の振り袖人形（市松人形）が贈呈された例がもっとも古い。

前掲『吉徳商店パンフレット』は、このようなことは「日本人形史……否世界の人形史上にも凡らく空前なる光栄事」であった、と大きく紹介している。この二尺七寸の市松人形は、子供の玩ぶものとしては実用的でないため一般にはあまり流通しないサイズである。かつアメリカへの返礼に使われた「答礼人形」と同型である。まさに人形交流がきっかけとなって、「日本の人形が世界的に知られ」「国と国との国際的の贈り物に用いられる」(23)ようになったといえるのである。

昭和初期の人形交流および関連事項

一九二七（昭和二）年
　日米人形交流
一九三一（昭和六）年
　二月　東京都下女学校校長、女学生有志により朝鮮半島へ雛人形贈呈
　四月　シャム国（現タイ）皇帝夫妻に日本の皇后より振袖（市松）人形贈呈
　九月　満州事変勃発
一九三二（昭和七）年
　三月　満州国建国を宣言
　五月　満州国少女使節来日・全国連合小学校教員会より、使節に振り袖人形、引率者に日満握手の新型人形贈呈
　六月　大日本連合女子青年団、同婦人会、財団法人工政会、満州国へ奉祝三番叟人形献上
　九月　日本学童使節・満州国執政溥儀はじめ建国功労者に建国人形を献上
一九三三（昭和八）年
　三月　帝国児童教育会、執政溥儀に奉祝雛人形を献上
　四月　日本人形研究会、いわゆる「市松人形」に「やまと人形」という新名称を選定
　五月　日満親善人形使節
　八月　日本人形研究会ハンガリーで開催の万国少年団大会に文部省を経て人形を提供

一二月　日本女子大学校アメリカへ人形使節・ブラジルに「やまと」人形、雛人形一飾りを寄贈
一九三四（昭和九）年
一月　万国お人形博覧会開催、東京科学博物館の「青い目の人形」五〇体を出品
一一月　日本女子大学校フィンランドへ人形使節

一九三五（昭和一〇）年
六月　日米親善人形使節ミスター&ミセス・アメリカ来日、主要都市を巡回
九月　パリ会主催　訪仏人形使節
一二月　日本女子大学校ドイツへ人形使節

一九三六（昭和一一）年
二月　帝展改組第一回展で第四部に人形六点初入選
一一月　日本女子大学校満州国へ人形使節

一九三七（昭和一二）年
五月　国際人形協会、日独防共協定調印を祝いヒトラーに人形贈呈、ベルリンで人形展を開催
財団法人国際親善協会主催「国際祭り夕」に三〇カ国大公使へ振り袖人形を寄贈
七月　日中戦争始まる
一二月　日本女子大学校イタリアへ人形使節
一九三八（昭和一三）年
一月　大日本連合女子青年団、同婦人会、独伊両首相へ両国大使を通じ「やまと」人形贈呈
二月　愛国児童親善会よりドイツ、イタリアの宣伝相へ雛人形を寄贈
一九四〇（昭和一五）年
九月　日独伊三国同盟成立・三国同盟の祝賀をかねて神奈川県人形組合ドイツ、イタリアへ各五〇体の日本人形を送る。
一九四一（昭和一六）年
一二月　日米開戦

一九三三（昭和八）年から一九四〇（昭和一〇）年にかけて、ハンガリー、ブラジル、アメリカ、フランス、ドイツ、フィンランドなど世界各地に大小さまざまな人形使節が誕生するが（年表参照）、人形や子供を中心とした大規模で社会的に注目度の高い人形使節は、日本が国際的に孤立する一九三一～三（昭和六～八）年前後に集中し、朝鮮や満州国に送られている。すなわち、一九三一年「朝鮮女学校生への雛人形の贈呈」をはじめ、建国間もない満州国へ送られた一連の子供・人形使節である「満州国少女使節」「日本学童使節」「満州国人形使節」だ。

2　朝鮮女学生への雛人形の贈呈

一九三一（昭和六）年、東京都下女学校校長有志、女学生有志により、朝鮮一三道の女学生に宛てて各道一組ずつの内裏雛が贈られている。二月一日の『京城日報』は、「内鮮女子の清く温かい友愛の真情が堅くむすばれるようにと、真純な美はしい動機から中央朝鮮協会の熱心な斡旋」によって、雛人形が贈られることになったと伝えている。

日比谷公会堂で行われた寄贈式には、参加二六校の女学生をはじめ三千余名の観衆が集まり、引率の女教諭とともに京城女子高等普通学校女学生二名が雛人形答礼使として上京した。そして、雛壇を正面にして「朝鮮少女等は純白の朝鮮服を身に纏ひ内地の少女らは紺の制服をつけて」対面した。女学生代表による贈呈の式辞は、次のような内容であった。

古来我国の年中行事として桃の節句に雛祭を行ひ子女将来の幸福を祝ひ家庭の団欒をたのしみますことは、婦女子の思想善導と徳性涵養に最も適はしき催として奨励され、近時益盛に行はれますのは、国風保持の点よりいたしましても喜ばしき現象と思はれますのに、同胞中。殊に朝鮮に於て未だ一般にこの美風の普及せざることは、誠に遺憾と感じて居りました(24)。

つまり、この贈呈式の目的は、同胞でありながら雛祭りの習慣が普及しない朝鮮に、雛人形を贈ることで、日本の文化への理解を深めることにあった。

『京城日報』は、日比谷公会堂における雛人形贈呈式の挨拶の全文を掲載し、また京畿道雛人形歓迎会の模様を大きく報じている。歓迎会は、京城を中心とする幼稚園から女子高等普通学校までの女生徒を集め、京城公会堂で盛大に催された。学務課では、それに先立って東京で三月一日に催される雛祭りのために、朝鮮女学生からの挨拶状、写真、また京畿道雛人形歓迎会の参加女生徒から東京の女学生に贈る感想文を各校一点ずつ用意させている(25)。

しかし、前述のように朝鮮はもともと人形のあまり存在しない国である。大韓民国「国立民族博物館」芸能娯楽室には、女子の遊びとして人形遊びをする等身大の少女の人形が展示されているが、少女のもつ人形は、簡単な紙人形のようなものである(26)。朝鮮では人形に対する呪術的要素が強いようだ(27)。また、それは、一九三八（昭和一三）年三月に「古来朝鮮ニ存スル人形ニ対スル迷信ヲ打破シ」「内鮮融和ノ一材料」とする目的で、朝鮮の人形製作等への童心を啓発するために設立された朝鮮童宝芸術院の存在からもわかる(28)。

雛人形の答礼に朝鮮の人形を贈って人形交流をはかろうと計画していた当事者の困惑は、次の記事からも推し量ることができる。すなわち、雛人形の答礼をいろいろと先方の意向に照らして考えてきたが、「朝鮮の風俗人形を贈ることは或種の事情でどうかといふようなことから……結局今回は日比谷公園で行われた雛人形の授受式の光景を撮影した活動写真を夫々寄贈することとして謝意を表する」(29)こととなった。そして、この歓迎の光景をフィルムに収めた朝鮮総督府社会課活動写真班は、その内の一本を寄贈を受けた日本の女学生一同に贈り、他の一本を朝鮮各道の常設館で上映した(30)。

人形を鑑賞する下地のあまりない朝鮮に、純粋な少女が日本の美風である雛人形を贈ることで文化交流と子供たちの友好を図るという試みだが、同化政策が進む朝鮮人々にとっては、日本の文化を押しつけられたという印象が強かったのではないだろうか。

3　満州国へ――イメージ戦略として

■満州国少女使節

一九三二(昭和七)年三月に満州国の建国が宣言されるが、その二カ月後、五月一七日の『満州日報』は、「満州国から日本への平和の使節」として、少女使節の派遣計画を報じている。

満州国民政部文教司は、「日満親善融和」のため「満州国内ノ民間少女六名ヲ選抜シテ」日本に派遣し、「本邦青年婦女子トノ間ニ実際的親善交歓ヲナササシメ度シトノ意向」であった(31)。担当者の民政部広報部長八木沼丈夫は、「この宣伝のほかにオリンピックに選手二名を派遣し、秋に満州国祝賀会を大々的に催す」(32)いう談話をよせ、少女使節が満州国建国の宣伝活動の一つであることを認めている。

一方、日本側も全面的に協力をする準備を整えるために、「満州国少女団ノ件」について、次のような協議をしている。

一、歓迎其他ノ諸種ノ催シニ関シ「満州国」ナル名称ヲ公然使用可否、同様満州国国旗使用ノ可否

二、諸官庁訪問ノ可否

可ノ場合訪問ノ範囲ヲ決定シ場所時刻及方法ノ打合セ置〇〇(33)

一の「満州国」の名称や国旗を公然と使用することはできるか否かについては「差支ナシ」、二は外務省にかんして時間を決め通知すべきだが、「総理ノ方決定セバ夫ニテ可」、という書き込みがある。後述するように、まだ満州国は世界のどこの国からも独立の承認を得ていない頃である。

少女使節は、満鉄学務課の推薦で、民族協和の理想に呼応するかのように満州国内（奉天、長春、安東）にすむ日本人、朝鮮人、満州人の各二名、当時一二歳前後の少女を選抜した。少女使節は次の世代を担う子供たちによる平和交流という、人形交流の形式を踏襲している。

六月一八日に長春を出発した少女たちは、大連で大連神社を参拝したあと満鉄社員倶楽部での歓迎会のあと日本へ旅立った(34)。そして、船で、神戸に到着する。

同一行ハ昨二十三日……神戸ヨリ入京シタルカ、同駅ニテハ東京市教育局、仏教青年伝道会、仏教婦人会、増上寺派信徒、東京朝日、東京日々ノ各新聞社、満州日報、大連新聞ノ各社東京支局ノ各代者及都下関係学校生徒等約一千名ノ出迎ヲ受ケ（た）(35)

六月二四日、彼女たちが東京を訪問するにあたり、警視総監藤沼正平が内大臣、外務大臣、拓務大臣、各府県長官などに出した「満州国少女使節一行入京ノ件」には、次のようなことが記されている。

（少女使節来日の準備に際し、満州国資政局弘法処担当の二人が先着し、各方面と打ち合わせ、多量の宣伝用印刷の準備をして、引率の石田豊子とともに今回の来日の使命を述べたところでは）日本内地人士ハ未夕新満州国ニ対スル認識ノ欠クル処ナキヤヲ保シ難キニヨリ、先ツ日本内地ノ少年少女ニ対シ満州国建国精神ヲ伝ヘ兼テ日満両国ノ親睦増進ニ貢献セントスルモノナリ、ト語レリ(36)

少女使節の目的は、単純な日満両国の親善ではなく、満州国の建国精神を日本の少年少女たちに宣伝することにあった。したがって、広報担当者をあらかじめ派遣して、大量の「宣伝用印刷物」を準備していたのである。

一、宣伝ポスター（「満州国資政局」ノ署名アリ）二万枚
一、唱歌々譜　1、建国頌歌　二万枚　2、建国記念運動会々歌　十万枚
一、絵葉書（三枚一ト組）　一万枚
一、児童用手旗　1、満州国国旗　五万本　2、日本国旗　五万本
一、小冊子（「大満州の少女より」ト題セルモノ）　一万部
一、国務総理鄭孝胥宣文　一千枚(37)

ちなみに「ポスター二万枚中一万枚」は「満州国資政局ニ送付シ」、他はすべて「日本滞在中各種会合等」で配布使用する。彼女たちが携えてきた「国務総理鄭孝胥宣文」は、次のような内容であった。

（満州国は、満州事変を契機に中華民国の暴政を排し独立した。民族協和の理想と門戸開放、機会均等の原則により、あらゆる人々に門を開き、国と国との争いを一掃することを根本方針としている）……このよき理想に反する国と人は平和を破るものとして絶対に我国に入れることは出来ません。この理想を行ふためには……隣国日本の援助こそは絶対に必要なのであります。そして、それについては日本の大人ばかりの援助では決して十分とは言へないのでありまして、次の時代を造る小国民たる皆さんの温かい手が満州国の小国民の手としつかり結びあつてこそ、我満州国の平和が約束されるのでありま す。……満州国の平和を希ふことは東洋の平和、ひいては全世界の平和への道なのでありま

す、これがため満州国に住む少女たちを愛情ふかき皆様と温く而も固く手を結び合せるために、少女使節を日本に送ることは私の無限の喜びであります(38)。

周知のように満州国は、満州事変により日本軍が占領した中国東北部を領域として成立した国家であり、軍事外交はもとより内政の実権も日本人が握り、事実上日本人が支配していた。一九三二年三月一日清朝最後の皇帝溥儀を執政にして建国したが、中国政府は満州事変を日本の武力侵略であるとして国際連盟に訴え、同年四月その実情を調査するためにリットン調査団が満州に入り現地調査を行った。満州国の誕生はリットン調査団の到着に先立って既成事実を作りあげるためであった。一〇月に同調査団の報告書が公表されたが、その直前の九月一五日、日本側は軍や国内世論の強い突きあげを受けて、「日満議定書」を調印して、満州国を正式に承認していた。

少女使節が派遣されたのはまさにその間の五月のことであり、満州国の幹部が認めるように、それは対外宣伝活動の一環であった。満洲にすむ人々の自発的な意思による独立という形で建国された満州国の実体は、その実、日本の武力侵攻の結果に他ならなかった。それを少女、子供というソフトなイメージで緩和するという、日満両政府の意図が働いていたのであろう。少女使節は、日米人形交流をモデルにして、「次の世代を造る小国民」同士が手を「しつかり結びあつて」「東洋の平和、ひいては全世界の平和の道」をねがうメッセージこそを託されていたが、それは傀儡国家満州国の実態を覆い隠すために利用された、という事実は否定できない。

東京に到着した少女使節一行は、宮城遥拝の後、明治神宮、靖国神社に参拝し、東京市の小学校の歓迎会にのぞんでいる(39)。外務省に残る日程表によれば、滞京中は「東京市教育局庶務課」で「諸般ノ斡旋」をして、市役所の自動車を三台提供し、連日各地で少女たちの歓迎会が開かれるなど、破格の待遇であった。

六月二四日（金）　午前九時　宮城、明治神宮、靖国神社参拝
東京市長訪問、市長午餐会
午後一時　日比谷公会堂ニ於テ市ノ歓迎会
午後五時　全国教員会主催歓迎会
午後七時　青山会館ニ於テ東京日日新聞社主催歓迎会

六月二五日（土）　午前九時　官庁訪問（首相、外務省、陸海軍省、文部省、拓務省、鉄道省）
新聞社訪問（朝日、東日、時事、国民、報知）
正午　東京朝日午餐会
一時　日比谷　東京職業指導大会
二時　朝日講堂　朝日主催子供会

六月二六日（日）　午前九時　一ツ橋高等小学校集会
市内見物
東京女子教員会主催茶ノ会
六時　放送
六月二七日（月）　午前九時　都下代表小学校参観
六月二八日（火）　日光見物
六月二九日（水）　都下仏教少女連合主催歓迎会(40)

その間、全国連合小学校教員会より引率の石田に「日満握手の新型人形」、使節の少女一人ひとりには「市松人形」が記念に贈呈されている(41)。また、彼女たちは帰路、大阪、京都、神戸、下関、門司にも訪れてメッセージを披露し、各地で歓迎会に出席している(42)。滞日約二三日間に政府、マスコミ、教育関係者など日本をあげて、満州国の建国精神を伝えにきた少女使節を大歓迎していることがわかる。

■日本学童使節

少女使節に応えて、日本全国小学校教員会、大阪毎日新聞社、東京日日新聞社の主催で全国各地の小学生から選抜された学童使節一五名が満州国に派遣されている。その目的は、「満州国少女使節ノ帝都訪問ニ対スル答礼ヲ兼ネ」「在満将士ノ慰問、戦没将士ノ慰霊……児童交歓ニ依ル日満親善」(43)をはかることであった。全国小学校教員会の「日本児童使節派遣要項」には、「帰路朝鮮児童とも交歓して内鮮融和の振興を図る」ことも謳われている。

学童使節が出発する九月一八日は、満州事変勃発の一周年にあたる。その三日前には、武藤信義全権大使と国務総理鄭孝胥の間で「日満議定書」が調印されている。使節の小学生たちは、東京駅を立つ前に満州事変当時の関東軍司令官であった本庄繁邸を訪ね、「建国人形」を贈り、小学校六年生の「男子使節」が、次のように挨拶している。

この思い出多い日に満州国のお父様として仰がれていらつしやる閣下の御凱旋をお祝い申し上げます。私共はこれから満州国のお友達と仲良しとなり東洋平和のため御尽しになった帝国軍人の方に御礼申し上げたいと思ひます(44)

また「私共は去る六月満州国から来てくださつた少女使節のお礼に参ります」という「女子使節」の挨拶に対して、本庄は「どうか満州国に行かれたなら六月に来られた少女使節たちにも私がどんなに感激しているかを伝えてください」(45)と答えている。同年八月八日まで関東軍司令官の地位にあった本庄は、満州国内の日本の権利の尊重、満州国の防衛のために日本軍の駐留など、「日満議定書」の根幹の部分を溥儀や鄭孝胥との書簡などで取り決めた人物であった。

一行は海路大連に到着したあと、満鉄の好意で車両を増結され、新京に向かう。その間、奉天ではわずか七分間の待ち時間にもかかわらず関東軍少佐、満州国秘書室長をはじめ市民数百名が出迎えた(46)。そして、九月二七日新京に到着、さきに少女使節として訪問した少女や満州国政府要人の歓迎を受ける(47)。

翌日は新京の兵隊本部や領事館を訪問したのち、執政溥儀に謁見し、「建国人形」等を贈呈したのをはじめ、国務総理鄭孝胥、武藤信義全権大使等の満州国建国の功労者に「人形」を贈呈している。また、新京高等女学校での「学童使節歓迎会」(日満合同教育会主催)では、日本全国の小学校児童から預かってきた絵はがきや便りなどを満州国児童に贈り、子供間の交流をはかっている(48)。ちなみにリットン調査団の報告書が公表されたのは、その数日後の一〇月二日である。

帰路、朝鮮の京城に立ち寄った一行は「朝鮮の少年少女に告ぐ」(49)という永井拓相のメッセージを伝達し、一〇月一四日に帰京、そろって明治神宮に参拝した(50)。

このように満州国の承認が国際社会で問題となっているさなか、満州国側の「少女使節」に応えて日本側が「学童使節」を派遣することで、子供による「日満親善」と満州国へのイメージの向上が、日本の大人たちにより演出されたのである。

■満州国人形使節

一九三三（昭和八）年五月、満州国建国一周年の記念として文部省、拓務相、東京市の後援のもとに日満中央協会附属日満婦人協会が、日満親善人形使節を派遣している。使節は、団長松平俊子をはじめ、小学校三年生の少女三名（正使一名、副使二名）、女学校生代表一名を中心に総勢一七名であった。日満中央協会の規約には「日満中央文化の中央機関となり積極的に両国国力の発展向上を図るを以て目的とす」[51]と記されており、総裁に文部大臣鳩山一郎、役員には拓務大臣永井柳太郎ほか、陸軍大将、朝鮮銀行総裁などが名を連ねている。同年二月に設立された、附属の同婦人協会は、「日満両国の提携は婦人の優き力」にたよることが多いため、「両国民間の結婚の斡旋、女子留学生の世話」「日本職業婦人の満州進出」の奨励などを目的としていた[52]。

理事長で使節団の団長をつとめた松平俊子は、旧佐賀藩主で侯爵の鍋島直大の娘であり、夫は高松藩主のながれをくむ海軍大佐松平胖、姉伊都子は李王家最後の皇太子に嫁いだ李方子《まさこ》の母である。方子の結婚は「日鮮融和」のシンボルとされたことは有名だ。俊子の長女誠子《よしこ》（広橋真光伯爵養女）も李王家出身の王公族（韓国併合以降、旧大韓帝国皇族に与えられた身分）李健と結婚し、鍋島家の「家系が、朝鮮王公族の『親日』化に大きな役割を果していた」[53]。俊子の団長就任はそのような事情もあったのかもしれない。小学校三年生の正使朋子は、三女である。

女学校代表の西忠子は、「目下熱河において転戦中の西師団長令嬢」として案内状に紹介されている。

忠子の父第八師団長西義一中将（後に大将、教育総監）は、満州国樹立後の一九三二年四月に満州に派遣され、いわゆる「匪賊討伐」に東奔西走していた。もともと清朝の本国である満州は黒竜江・吉林・奉天のいわゆる東三省だが、これに熱河省を加え、さらに内蒙古の一部を加えて興安省として、満州国を構成した。使節が派遣された直前の一九三三年二〜三月に熱河省の湯玉麟が張学良と結び抵抗し、熱河掃討戦が行われた。第八師団はその主力の一つであった。リットン調査団の報告書の公表を待たず、満州で次々と既成事実を積みあげる日本に対して、国際連盟を無視するものとして、ヨーロッパ諸国に大きなショックを与えていた。さらに熱河省へ日本が侵攻を開始したことに国際連盟諸国は大きな衝撃を受けた。二月二四日国際連盟臨時総会でリットン報告書に基づいて、満州を占領している日本軍の撤退を求める勧告案を圧倒的多数で可決すると、三月二七日には日本が正式に国際連盟の脱退を通告したことは周知の通りである。

四月には京都帝国大学教授滝川幸辰の自由主義的な刑法学説が家族の道徳に反するとして文部大臣鳩山一郎から辞職を要求され、ドイツでは一月にヒトラー政権が成立し、三月には議会が独裁を承認するなど、世界的にファシズムが蔓延していた頃である。

人形使節の目的は、執政溥儀と満州国の建国功労者に「やまと人形」（市松人形）六〇体を贈呈し両国の親善をはかり、「満州国人経営の諸学校に贈呈併せて皇軍日夜の御奮闘に感謝の意を表する」ことを目的としていた。人形の衣装は東京の主な女学校四四校によって製作され、各人形の胴には鳩山一郎の揮毫による「共存共栄」の文字を記した紙が巻かれていた(54)。なお「やまと人形」は、同年四月日本人形研究会が子供姿のいわゆる「市松人形」の新名称として決定したもの（『日本人形研究会会員手帳』）であり、この呼称にも時代の風潮が表れている。

団長の松平俊子が提出した「人形使節一行経過報告書」によれば、一行は、五月二七日東京を出発し、朝鮮を経由して満洲へ向かい、大連から船で帰国したという。

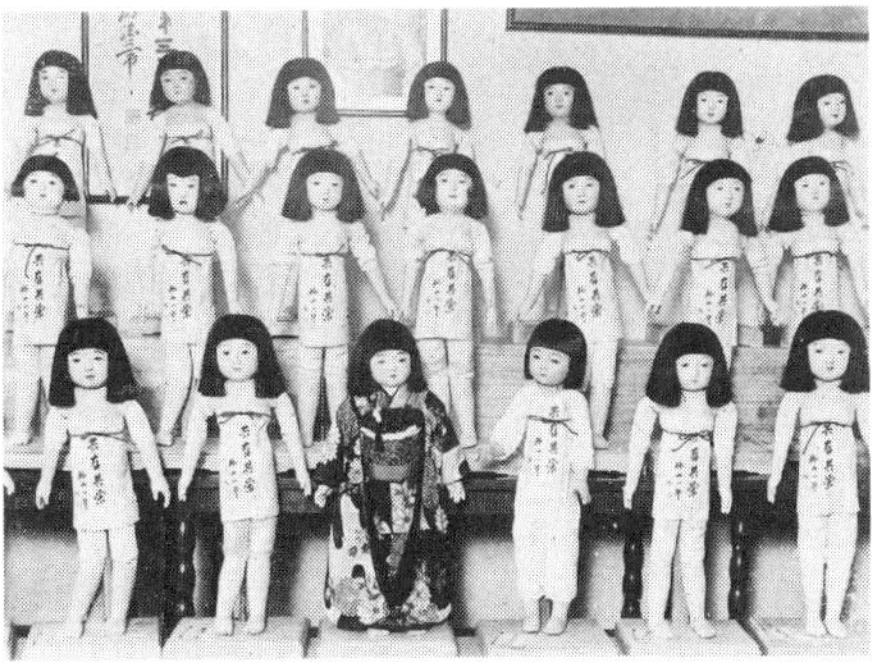

鳩山一郎の毛筆による「共存共栄」の紙が巻かれた人形（提供・吉徳資料室）

五月二七日午後九時四十五分東京駅出発。

総裁代理、宮田会長、丁士源満州国公使、満鉄支社長代理、辻嘉六氏、其他都下有力なる婦人団体代表、女学校、小学校生徒約三千五百名の見送を受け華々しく出発、途中新橋、品川、横浜を始め多数の見送りを受く。

五月二八日午後九時四〇分下関着。

降雨にも拘らず市長代理服部助役、愛国婦人会、宗教婦人団体、下関小学校、桜山小学校、白山高等女学校、阿部高等女学校、其の他多数の出迎へあり、特に下関市より使節一行に対して贈物あり。昌慶丸にて午後一〇時半下関出帆(55)。

五月二九日に釜山に着いた一行は、釜山第一公立、第六、第七、第八各小学校生徒、婦人団体の出迎を受け、その日のうちに京城（現ソウル）へ着く。駅には朝鮮知名人士、京城師範付属小学校、日出公立小学校、南大門公立尋常小学校生が出迎へ、李王家、朝鮮総督官邸、同政務総監官邸などに挨拶。翌日、朝鮮神宮参拝、科学館、京城女子普通学校、総督府など訪問する。翌日は、「出迎へに倍する見送りを受け京城発」。奉天でも盛んな歓迎をうけ、六月一日新京に到着する。そこで謝介石外交総長令嬢らの出迎えをうけて、駅前で日満児童歓迎会にのぞむ。

午前八時新京駅着、万歳の嵐に迎へられて新京駅前に高沢駅長の先導にて歓迎会場に臨場、新京商業のバンドにて式開始日本国歌及満州国々歌合唱後主事の開会の辞、日本少女代表、室町小学校六年生張俊霞さんの歓迎の辞、使節側より西忠子さんの答辞、終つて市政公署、馬教育科長にて万歳三唱直ちに国都ホテルに入る(56)。

使節団少女のなかで年長の女学校代表西忠子の答辞「満州国民に与ふ」という一行のメッセージは、次のようなものであった。

貴国元首溥儀執政閣下及び建国功労者各位に対して使節人形贈呈の為只今参りました。貴国が中華民国政府の手を断ち切つてより一年有余、国家草創に伴う嵐に抗しつつ王道楽土の王風を確立せられたるは吾等の日本国民の喜びに堪へぬところであります。この秋に当たつて日満両国の親善を更に深める全日本の少女たちの熱誠をこめたる大和人形を贈呈に参つたものであります。どうぞ貴国各位が少女たちの心からなる贈り物に対して微笑をもつてお答え下さることを衷心より望んでおります(57)。

溥儀との謁見（提供・吉徳資料室）

そして休憩後、執政府、武藤司令官、小磯国昭参謀長等を訪問し、満州国政府要人を交えた日満両国合同歓迎会に向かった。

午前一一時執政府を訪問溥儀執政閣下に謁見人形二個を棒呈、閣下より一同に対し鄭重なる御挨拶あり。後一同記念撮影、ここを辞して国務院に国務総理鄭孝胥氏を訪問人形贈呈の後記念撮影。終つて関東軍司令部に武藤元師小磯参謀長を訪問皇軍日夜の苦労をねぎらひて後記念撮影(58)。

溥儀との謁見の様子を、人形顧問として一行に同行した山田徳兵衛（一〇世・人形店吉徳主人）は、次のように記している。

（一〇名が執政府階上の謁見室に通された）政府執政閣下には稍々なネクタイ、鼠色のチョッキ、黒のモーニング、太橡色の薄鼠色の眼鏡をかけられ、始終、幾分微笑を含まれつつ、中島翻訳官を随えて私達の前に立たれました。

室は約廿坪位の洋間で、壁間には河合玉堂筆の富士の額と、古筆の書額とが掛けられて居り、遥かに遠い卓子には乃木将軍の耕作姿、高サ二尺程のブロンズの置物がありました。

団長松平俊子女史がメッセージを言上。つづいて振袖の「やまと人形」は、可憐な令嬢の手により閣下の前に差出された。特別にお丈の高い執政閣下と九歳の正使朋子嬢との人形捧呈の光景には一同ほほえまざるを得なかった。

執政には答礼御挨拶ありて後、使節令嬢の前へお進みになり、お人形を前後より御覧になり、非常にお欣びのご様子でした。それから更に諸嬢の前に歩み寄られていろいろやさしき言葉を賜りました(59)。

その後、一旦ホテルに返り午後四時より大和ホテルにおける謝介石、宇佐美国務顧問主催のお茶の会に出席する。「ここに鄭孝胥氏、丁鑑修氏を始め大人要人二〇余名臨席、人形を贈呈す。午後六時より大陸春に於ける趙欣伯夫人をはじめ各大臣夫人の招宴に出席。支那料理の饗応を受く、午後一〇時三〇

分ホテルに帰着。」(60)

山田は、国務総理鄭孝胥をはじめ大臣級の人々に人形を贈ると、これに対して彼らはお茶会や晩餐会を催してくれたが、「それらの会毎に憲兵巡査がいかめしく戸外を警戒」していたと回想している。そして、「使節団一同の緊急動議一決で、お人形を新京、奉天、ハルピンの衛戍病院（陸軍病院の旧称）へも贈ること」にし、「お譲様方に抱かれて各病室を巡り、故国を遠く離れて今、名誉の傷病に臥せる皇軍勇士達を慰問した」が、「奉天で汽車を下りると、群集が右往左往していた。聞けば爆弾犯人を今取り押えたのこと。果たして可憐なお人形やお譲さん達を狙ったものか、否か。」と記している(61)。人々に歓迎されたというよりも、不穏な空気のもとに人形使節は満州を巡回したのであろう。

帰京は六月一四日、皇居の前で万歳三唱をし、満州国公使館、東郷元帥邸、首相、陸相、拓相、文相の各邸をそれぞれ訪問した(62)。

これら一連の「満州国少女使節」「日本学童使節」「満州国人形使節」を見ると、「子供（少女）」による平和使節が、建国間もない満州国の対外宣伝と緊張緩和のためのイメージ戦略の一環として利用され、その際人形が重要な役割を果たしているのがわかる。

＊

満州国人形使節が送られるわずか一〇日前、「国際児童親善会主催米国児童ヨリ本邦児童へ絵葉書寄贈ノ件」（昭和八年五月一五日付）という通信が、外務省外交史料館に保存されている(63)。日本の国際的孤立を憂えたギューリックは、人形交流に続く日米親善を模索し、アメリカの子供たちから絵葉書を贈る親善交流を計画していたのであろう。「昭和二年米国児童ヨリ本邦児童へ人形寄贈方」を取り計ったニューヨーク国際児童親善会が「来年（昭和九年）五月一八日世界親善日ヲ期シ米国児童ノ寄贈ニ係ル一萬枚ノ絵葉書ヲ日本其他ノ外国児童ニ分配贈呈ヲ計画中」であり、同会幹事のギューリックが前回と同様文部省の協力を得られるか照会にきたという内容である。

日本側は承諾したという記録はあるが、これが実行された形跡はない。満州事変が始まった昭和六年二月渋沢栄一も亡くなり、渋沢が予想していた通り「質実剛健な指導者が消え、有害な煽動者がこれに乗」(64)じ、一五年戦争への道を歩みだしていた。もはや一九三三年の時点では、すでにギューリックが夢見る「日米の子供の親善交流」を受けいれられる土壌は日本国民の間にはなかった。人形交流の理念は換骨奪胎され、その残滓が物の怪のように満州国を跋扈していたのである。

4　日支親善児童使節派遣計画——ある詐欺事件の顛末

一九三九（昭和一四）年六月「東亜の平和は児童から」という趣旨に基づき新秩序の建設にそう目的で「興亜児童協会」が設立され、大阪に本部をおいた同協会により、「日支親善児童使節」が計画されている。

同会は大阪の有力者の紹介状をもって、各方面に援助を求めている。その計画は次の通りであった。

日支親善児童使節派遣計画

代表選抜地　東京市、大阪市

人員　二一名　団長鈴木美通（陸軍中将）　協会役員一名

児童代表一四名　教育者四名　医師一名

期日　昭和一四年八月四日から二二日　一九日間

行先　天津、北京、張家口　予算概要　一人当り　一五〇円

皇軍慰問、北京、天津市との児童との交歓(65)

出発前の七月二五日から三一日まで、大陸の気候に慣れるため耐熱準備訓練をし、経費は「本協会ニ於テ負担ス」とある。

七月一二日、日支親善児童使節派遣計画を主催する興亜児童協会の動静を監視していた大阪府知事は、政府関係者に次のような報告をしている。

興亜児童協会は大阪市長、大阪商工会議所会頭、鐘紡社長が後援を承諾、三名の名前で同会は後援の依頼状を作成し、「在阪経済各種団体ニ配布外交員ヲシテ個別的ニ」「興亜児童協会」への入会を勧誘している。彼らは「協会ノ目的トスル事業ナリト称シ」「児童使節団ノ計画」をたて準備中とのことだが、「現在関西本部トシテハ資金皆無」である。しかも、興亜児童協会の理事のなかには、「宿泊料ノ不払ヒ」「前科数犯ヲ有シ素行不良ト認メラレル者」がおり、「今回ノ児童使節団派遣計画ノ如キハ資金獲得ノ手段ニ外ナラズ」。しかも、退役将官を担いでいるのは「時局利用ノ行為濃厚」でありその動静を注

意中である(66)。

日中戦争は長期化し、国家のすべての力を戦争に集中できる体制作りが行われていた。「日支親善児童使節」が計画された前年には、国家総動員法が制定され、議会の承諾なしに物資や労働力を戦争遂行のために動員できるようになり、この年は国民徴用令の公布により民間人が軍需産業に労働力として動員されていた時代である。まさに同会の動きは、時局利用の行為であった。

その一カ月後、ついに大阪府は興亜児童協会の児童使節団の計画を中止させている(67)。その理由は、会員(名誉会員千円、維持会員三百円、正会員百円、普通会員二十円)は二一名の賛同しか得られていないが、納入した会費を資金として大阪側七名、東京側七名を決定し、「大阪側学童七名ハ夫々所轄警察署長ニ渡支身分証明発給方願出」ている。しかし、会の内容を仔細に検討すると、会長に一条実孝、副会長高田豊樹中将、理事長鈴木美通中将をはじめ、設立趣旨、会則など、表面上は「有力ナル団体ニシテ然モ関係各方面ト如何ニモ連絡ヲ有スルカノ如ク観ラレルモ、実際ハ然ラズ」。東京本部を麹町に置いているが、それはビルの一室に偽装的に置いているだけで、事実上の活動は大阪である。

中心人物三名はホテル代を滞納しており、そのなかの一名は偽名を使い、実体がないのに「日独防共親善協会」を組織して、展覧会を開催しようとして拒否された人物である。また関係者には、前科三犯のものも含まれている。

「其ノ動機タルヤ極テ不純」であり、「会ノ内容空虚ニシテ実体ナキハ勿論創立ヲ目論ミタル動機及関係者ノ行動人物等ヨリ観テ」計画的に知名人を担ぎ出し、時局を利用して不正行為をする団体と見られる。そこで「内務省ノ指揮ヲ受ケ児童使節渡支ヲ自発的ニ中止セシムルコトニ決定」し取り締りを実施した。なお、興亜児童協会は「将来解散セシムル目的」で引き続き注意している。

「興亜院文化部」が時期尚早という意思を表示したために、理事長は中止を決定し、関係者に通知した。しかし、児童の父兄や在学生の小学校の校長は「童心ヲ傷ツケルモノ大ナルモノアリ」と興亜院や大阪市学務課に陳情したが、その原因を知り納得したという(68)。

この頃には、児童使節を騙った金もうけのための詐欺事件まで企てられているほど、子供使節の利用価値は世間に広まっていたのである。

終章

近代日本のコンプレックス

渋沢とギューリックの夢

渋沢栄一の晩年は、世論が国の政策決定に大きな影響力をもち、国際関係が「政府」対「政府」の関係で処理しきれない時代になっていた。日本人移民排斥問題では、アメリカ政府の意向をはるかに越えて燃えあがった民間の排日世論に押される形で、日本人移民を締めだす一九二四年「移民法」が成立する。この時渋沢は、挫折感のなかで、改めてアメリカでは世論が国の外交政策に大きな影響力をもつことを思い知らされる。同時に、日米政府間で政治的な妥協点がありながら議論が平行線をたどる背景には、両国民の生活習慣や考え方の基本的な違いからくる文化的偏見があるという、シドニー・ギューリックの認識に同意しないわけにはいかなかった。

日本人移民排斥の理由は、たとえば低賃金でもよく働くとか、さまざまな理由があるが、これは日本人に限ることではなく、最初にアイルランド人が排斥され、次に中国人、日本人へと対象が変わる。ただ、白人の場合はある程度時間がたつと同化するが、中国人、日本人は、肌の色など一見して違いがわかり、なかなか同化できない。特に、生活様式や行動様式、いわゆる「文化」がアメリカ人によくわからないことからくる誤解や偏見が、日本人移民の排斥につながることが一番大きな問題であり、それをアメリカ人に理解してもらう必要がある、とギューリックは考えたのである。

しかし、すでに偏見をもっている大人は、これを受けいれるのはむずかしい。そこでギューリックは、明日を担う子供たちに夢を託す。その第一歩として、日本の雛祭りにアメリカの子供たちが人形を贈り、日本文化にふれる機会を作ることによって、幼い子供たちの間に友情の絆を築くことが人形計画の目的であった。

いわば人形交流は、渋沢とギューリックが日米関係の改善を未来の子供たちに託した夢の所産であり、本書の課題はその夢の行方を明らかにすること、すなわち日本国内の子供をはじめとする日本人の心のうちに相互理解の絆を築く、という彼らの目的が達成されたかを検証することであった。

人形交流の失敗

友情人形が日本で熱烈に歓迎されたことと、人形計画の理念と目的が日本人に理解されたこととは別問題である。反米感情が高まっていたにもかかわらず、友情人形が日本で熱狂的に歓迎された理由はどこにあるのか。悪化した日本国内の対米感情を鎮静化するために人形交流はある程度効果があったと考えられるが、根本的な目的は国民の間にはまったく浸透していない。

当初から友情人形に対する日米間の対応には微妙なずれがあり、国としてアメリカから友情人形が贈られたわけではないのに、日本では文部省をはじめとする役所や学校主導の儀式的な歓迎会が行われ、国の威信をかけるようにして答礼の人形が製作され、アメリカに贈り返されている。大連や朝鮮の人形歓迎会の様子や後に人形交流が日本の雛祭りや国際交流に及ぼした影響など、無意識に外地の日本人が取った行動を検証する限りでは、日本人移民排斥問題の底にある文化的偏見を予防するために相互理解をはかるという、ギューリックの目的は大多数の日本人には伝わっていない。

外地（大連・朝鮮）と子供・人形使節

大連市民には、「アメリカ議会の決定を憂慮する日本に好意をもつ一民間人からの親善の表明」という意味は誤解され、「友情人形」＝「アメリカからの贈り物」という図式のもとに、人形交流に日本人移民排斥問題やジュネーブ軍縮会議など政治上の問題を重ねあわせ、いつのまにか日本人としてアメリカにどう対処すべきか、という問題にすりかわり、人形歓迎会を催した行政府や教育関係者が突きあげられるのである。大連の在留邦人に見られるこれらの反応は、友情人形の受け入れを国家的なレベルで対応した日本国内の事情にもつながり、さらにいえば、一九二四年「移民法」を国際的な面子の問題としてこだわった日本側の対応と同根のものだったということもできる。

また日本が強烈な民族意識を抹殺することに奔走していた朝鮮では、「一等国」日本を朝鮮人に「誇示する」という形で表れ、「友情人形」はアメリカと対等に交流する日本の姿を朝鮮人に見せびらかすための「道具」として利用される。

しかも人形交流以降、日本国内では「子供」あるいは「人形」による文化交流の形式だけが一人歩きをし始め、満州国や朝鮮を中心に、これをモデルにした人形使節が企てられ、「子供」や「人形」というソフトなイメージで政治的な摩擦を和らげ、その帝国主義的な支配の実体をおおいかくす目的で使用される。つまり、文化的な理解やふれあいをはかることで、明日の子供たちに国際平和の夢を託すというギューリックの「世界国際児童親善会」の精神は、換骨奪胎され、いつしか日本文化の押しつけへと転化するのである。

これらの事例は、当時の日本人が「子供」「人形」によって「友好」や「平和」を訴えるという国際交流の形だけを、日米人形交流から踏襲したことを表している。すなわち、意識するしないにかかわらず、アメリカから教わった国際交流の形式を、当時日本より遅れた国と認識していた朝鮮や満州国への文化的な侵略の一環として利用したといえるのだ。

失敗の原因

その原因として、まず考えられるのは、ギューリックの考えた民間交流の方法、つまり「移民法」という、いわば「お上」が決めた法律に、一民間人が正面きって異を唱え、個人のレベルで日米間の友好を深めるという発想そのものが、昭和初期の多くの日本人の理解を越えていたということである。言い換えれば、渋沢のいう「国民外交」の担い手となる自立した「国民」が未成熟であり、排他的な国益主義を越えて、国際的な友好をはかる基盤が、当時の日本社会には成熟していなかった。その結果、「子供」「人形」というイメージに酔った情緒的な歓迎会が繰り返され、その目的は、冷静に顧みられることはなかったのであろう。

だがそもそも、ギューリックのいう「相互理解」という概念そのものが、その出発点から曖昧であった。人種的偏見に基づく排日問題へのギューリックの憤りは理解できるが、朝鮮を併合し、中国やアジア諸国への侵略を進める日本を、列強諸国の一員として正当に扱うことを目的とした「移民法」の改正と、ギューリックが掲げた「世界平和」との接点はどこにあったのか。

「移民法」成立後、いわば苦し紛れに実行された人形計画そのものが、日米両国内の世論の感情的な緩和にのみ目が向けられ、「日米関係改善」が如何にして「世界平和」につながるかという、具体的な視点が欠落していた。しかも、意識するしないにかかわらず、日本の国益を前提に日米関係改善をめざすところにも、渋沢の限界があった。すなわち日米人形交流が、感傷的で、情緒的な企てであったことは否定できない事実である。

人形交流の再評価

その意味において人形交流は、政治的には無意味な試みだったのかもしれない。だが、一民間人が日米関係の改善に真剣にとりくんだ結論が、国を超えて人と人との相互理解の必要性をめざす文化交流であった点に、私は注目したい。

近代に入り情報通信・交通手段が飛躍的に発達した結果、世界は小さくなり、いわゆる「モノ・カネ・ヒト」は国家という枠を越えて自由自在に移動している。それにともない各国間の交流が頻繁になる一方で、さまざまな政治・経済上の摩擦や宗教上の紛争などが生じやすくなったことも事実である。

このような時代には、閉鎖的な国家意識や民族意識を離れた、広い視野からものを見る目が必要とされる。今日国際社会でＩＮＧＯ（International Non-Governmental Organization）活動が活発化している背景には、今や国際交流の担い手が「非政府」「非営利」を立場とした民間人の側に移りつつあることを示している。国際交流の担い手として民間人の役割が重視され始めた今日、国際的な文化理解の必要性を訴え、それを実行した渋沢やギューリックの足跡には、先駆的な事例が含まれているのである。

人種的偏見や文化的なすれ違いを解消するための第一歩は、国を構成する源である国民一人ひとりが他所の国の文化を理解することだ。たとえ、その結果は失敗に終わったとはいえ、そのための方法論として、彼らの試みは、今再評価される時期にきているのではないだろうか。

＊

これまで日米人形交流の概要をその歴史にそって見てきたが、ここから次のような結論を導きだすことができる。

① 子供・人形使節の誕生

「人形」や「子供」を中心とした国際交流が日本で生まれるのは、一九二七年の日米人形交流以後であった。それ以前にも海外の博覧会等への出品を通して、日本文化紹介のために人形が利用された例はあるが、「人形使節」や外国元首への公式の贈答品として人形が使われた例は見られない。日米人形交流は、日本の「人形文化」が諸外国に見られない独自なものであり、日本文化を代表する役割を担うことを、日本人に改めて認識させたといえるのである。

そして日米人形交流の影響を受けて、昭和初期の日本では、大小さまざまな人形や子供を使った国際文化交流が試みられている。その主要なものは、朝鮮や満州国に集中し、子供と人形が重要なイメージ戦略の柱となり、政治的な緊張感を和らげ、国民レベルで融和（同化）をはかる目的で、日本側から企てられている。

子供を純粋で無垢な存在と見るロマン主義的な「子供観」は、日本では明治末から大正期にかけて浸透したとされるが、昭和初期には無垢な「子供」というイメージは、「人形」と「平和」と重なりあうことで、国際交流に積極的に活用されるのである。

② 文化交流への教訓

次に日米人形交流に見られる日本人の対応を概観すると、国内、外地の関係なく、総じて日本側は、人形交流に対して「国」対「国」の親善交流を行う、という誤解からくる気負いが強い反面、アメリカ側にはそれがまったく見られない。

富国強兵策が実を結び、世界列強の仲間入りをしたと自負していた日本にとって、「移民法」は屈辱であった。ところが今度はアメリカから人形が贈られることで、逆に大国民としての自尊心がくすぐられ、政府高官から皇室まで列席した熱烈な歓迎につながる。両国民の間には、初めから目に見えない大きな「溝」が横たわっていたのだ。

親善事業が大いに歓迎されたにもかかわらず、相手国にその理念や目的が伝わらないばかりか、曲解されることもありうる、という教訓を「日米人形交流」は伝えている。国際的な文化交流を模索するにあたり、われわれは、まずこのような「溝」を正しく認識したうえで、これを如何に埋めるかを視野に入れる必要がある。

③ 近代日本の国民意識

最後に、一九二四年「移民法」成立による反米意識から友情人形の歓迎に見られる日本人の複雑な反応の裏には、列強諸国中唯一の有色人種国家であり、かつ後発の帝国主義国である「近代日本」が抱える矛盾、すなわち、世界列強にようやく肩を並べた「一等国」のコンプレックスとでも呼ぶべき国民意識が見られる。

それが「移民法」の成立時にはヒステリックな反米世論となって表れるが、裏を返せば、そのようなコンプレックスは、欧米列強諸国への憧れでもあった。それが日本の伝統行事である雛祭りにアメリカが人形による文化交流を企てたと受け取る多くの国民の自尊心をくすぐり、熱狂的な歓迎となったのであろう。これはアジア人でありながら「脱亜入欧」をスローガンにしなければならなかった日本が、その出発点から陥らざるをえなかったコンプレックスであり、昭和初期の多くの国民が共有する意識であった。それがある時は友情人形への熱狂的な歓迎につながり、ある時には「移民法」への反発となって表れるのである。それらは根底の部分でつながっており、しかも戦争中の人形の処分にも通底する、近代日本人の多くが共有する意識であった。

この両極端にゆれる傾向をもつ近代日本のコンプレックスこそが、後に「大東亜共栄圏」という妄想となって表れたと、私には思えてならないのである。

註

はじめに

1　渋沢史料館所蔵「人形積載船舶予定」表によれば八回にわたり人形が送られているが、第三便の二月四日着モンロー丸の神戸港を除き、他はすべて横浜を到着地としている。

2　先行研究は、吉村道男「人形使節から人間使節へ――昭和初期国際交流史の一節――」(『外交史料館報』第七号)、松村正義『国際交流史――近現代の日本』(地人館、一九九六年)などに国際交流史の視点から若干ふれられているが、学術的な研究論文は皆無といってもよい。台湾については游珮芸「『青い眼の人形』の渡台――日本植民地台湾で繰り広げられた『国際児童親善』の虚実」(『日本人形玩具学会誌』第八号、一九九六年)がある。

人形交流の概要については、前掲の武田の一連のルポジュターの他、横浜人形の家編『青い目の人形にはじまる人形交流』(横浜人形の家、一九九一年)には、詳細な年表と友情人形のメーカー名や製造過程など人形そのものの解説やその後の人形交流の概要などが記されている。高岡美知子『人形大使――もうひとつの日米現代史』（日経BP、二〇〇四年）は、アメリカ国内の答礼人形の現状を報告したものである。

第1章　人形交流誕生の背景・1

1　『竜門雑誌』第四六二号、二頁。なお渋沢の生涯については、全体にわたり渋沢研究会編『公益の追求者・渋沢栄一』（山川出版社、一九九九年）、土屋喬雄『渋沢栄一』（吉川弘文館、一九九〇年）を参照。
2　同右。
3　前掲土屋『渋沢栄一』一四〇頁。
4　『青淵回顧録』上巻（青淵回顧録刊行会、一九二七年）七八四〜七八五頁。
5　前掲土屋『渋沢栄一』二一九頁。
6　同右、二七〇頁。
7　前掲『公益の追求者・渋沢栄一』一五頁。
8　『青淵』第五八一号、四頁。
9　渋沢の多岐にわたる活動については、前掲『公益の追求者・渋沢栄一』がその全体像を概観している。
10　木村昌人『渋沢栄一──民間経済外交の創始者──』（中央公論社、一九九一年）、片桐庸夫「渋沢栄一と国民外交──米国における日本人移民排斥問題への対応を中心として──」（『渋沢研究』創刊号）を参照。
11　同右、木村『渋沢栄一』六四頁。
12　『竜門雑誌』第四六二号、四頁。
13　同右、一頁。
14　前掲片桐「渋沢栄一と国民外交」五〜六頁。および若槻泰雄『排日の歴史』（中央公論社、一九七二年）七八～八〇頁。

15 木村昌人『日米民間経済外交 一九〇五―一九一一』(慶應通信、一九八九年)参照。

16 片桐庸夫「民間外交のパイオニア」(渋沢研究会編『公益の追求者・渋沢栄一』山川出版社、一九九九年)一一〇頁。以下、「米日関係委員会」「日米関係委員会」については片桐論文に依拠している。

17 ギューリックについては茂義樹「シドニー・ギューリックについて」(『キリスト教社会問題研究』第34号、茂義樹「シドニー・エル・ギューリック略伝」(武田英子『写真資料集青い目の人形』山口書店、一九八五年)、Sandra C.Taylor, *Advocate of Understanding : Sidney Gulick and the Search for Peace with Japan*, The Kent University Press, 1984. を参照。

18 渋沢青淵記念財団竜門社編『渋沢栄一伝記資料』第四五巻(渋沢栄一伝記資料刊行会、一九六一年)四〇六頁。以下『伝記資料』として巻数のみを記す。

19 Sidney L. Gulick,"CHAPTER XIII Impressions of Foreign Freiends", in Kyugoro Obata, *An Interpretation of the Life of Viscount Shibusawa*, The Viscount Shibusawa Memorial Foundation, INC.,1937, p298.

20 『渋沢栄一伝記資料』第四五巻、四〇七頁。

21 『竜門雑誌』三一四号、二一二～二一五頁。なお、これは大正三年六月に中国視察の帰途、同志社で学生に講話したものである。

22 「帰一協会規約」『竜門雑誌』第二九〇号。なお、帰一教会については中嶌邦「帰一協会小考(一)――その成立過程を中心に――」「帰一協会小考(二)――その初期活動を中心に――」(『日本女子大学紀要文学部』第三六巻、三七巻)、五十嵐卓「道徳宗教観の語り手として」(『公益の追求者・渋沢栄一』山川出版社、一九九九年)を参照。

23 『帰一協会会報』第一(『伝記資料』第四六巻、四〇七頁)。

24 『竜門雑誌』第四二五号（『伝記資料』第三四巻、八頁）。
25 加藤延雄「シドニーL・ギューリック宣教師について」『同志社アメリカ研究』第一七号、一一二頁。
26 排日問題については、外務省通商局『対米移民問題ニ関スル日米交渉経過』（外務省、一九三三年）、前掲若槻『排日の歴史』を参照。
27 『同志社百年史　資料編1』（同志社大学、一九七九年）八八三頁。
28 同右、八九一頁。
29 同、九〇〇頁。
30 同、九〇八頁。
31 この時期のギューリックの主張は前掲、茂「シドニー・ギューリックについて」参照。
32 『伝記資料』第三三巻、三二八頁。
33 政治的な発言力を強めた労働者が、生活防衛のために移民を排斥することは珍しくはない。低賃金で働く日本人に仕事をとられてしまうのではないかというおそれが、白人労働者の間に根強かったが、当時のサンフランシスコは、外国生まれの住民の比率が高く、人種や文化が異なる他民族を攻撃することで、白人間の団結を作りだす傾向があった。まず、標的となったのはアイルランド人などの新移民、次に中国人、そして最後が日本人であった。しかし、東洋人への排斥は、より執拗ではげしかった。ヨーロッパ系人種は、裕福となり、英語がうまくなれば、一般のアメリカ人（白人）と見分けがつかなくなるが、東洋人は肌の色が違う。それに加えて、風俗、生活習慣の違いからくる誤解や偏見が排斥を一段と激しくしていた。だが、白人間の日本人への非難は根拠が乏しく、多くの場合は人種差別からきていた（前掲若槻『排日の歴史』参照）。
34 日本人移民の研究動向については、移民研究会編『日本の移民研究――動向と目録』（日外アソシエーツ、一九九四年）、移民研究会編『日本の移民研究1動向と目録　明治初期――1992年9月』（明石書店、二〇

〇八年)、『日本の移民研究2動向と目録　1992年10月――2005年9月』(明石書店、二〇〇八年)を参照。

35　学童隔離問題については賀川真理『サンフランシスコにおける日本人学童隔離問題』(論創社、一九九九年)を参照。

36　『伝記資料』第三八巻、一八〇頁。

37　前掲片桐「民間外交のパイオニア」一一一頁。

38　同右。および『伝記資料』第三三巻、二二五頁、三三三頁参照。

39　『伝記資料』第三四巻、一四頁。

40　同右、一五頁。

41　一九二四年移民法については、有賀貞「排日問題と日米関係――埴原書簡を中心に――」(『戦間期の日本外交』東京大学出版会、一九八四年)、三輪公忠編著『日米の危機と排日移民法』(論創社、一九九七年)、蓑原俊洋『排日移民法と日米関係――「埴原書簡」の真相とその「重大なる結果」』(岩波書店、二〇〇二年)等を参照。

42　前掲若槻『排日の歴史』一〇二―一〇五頁。

43　「日米関係委員会陳述書」(『伝記資料』第三四巻、一八～一九頁)。

44　前掲蓑原『排日移民法と日米関係』によれば、排日法案が可決された理由は従来からいわれている重大なる結果という語句ではなく、大統領選の年でありながら油田疑獄に揺れ、しかも保守派と革新派に分裂状態にあった共和党の結束を図るために、西部諸州の議員の協力が必要不可欠であった。そのため日米関係が犠牲になる形で可決され、その際議員たちの態度豹変の正当化するために「埴原書簡」が利用されたという。なお五百旗頭真編著『日米関係史』(有斐閣、二〇〇八年)をあわせて参照。

45 「四月十四日在米国埴原大使ヨリ松井外務大臣宛　公第三九二号」（『日本外交文書』大正一三年第一冊、一四五頁）。
46 同右、一四六頁。
47 『竜門雑誌』第四二一号、五九～六〇頁（『伝記資料』第三四巻、三三一頁）。
48 『中外商業新報』一九二三年六月七日。
49 『伝記資料』第三三巻、二九〇～二九五頁。
50 「三月十三日（着）在米国埴原大使ヨリ松井外務大臣宛（電報）第一六六号」（前掲『日本外交文書』大正一三年第一冊、一二一頁）。
51 前掲『排日の歴史』一七二頁。
52 「一九二五年九月二一日銀行倶楽部頭本元貞帰朝歓迎会及報知聴取会」（『伝記資料』第三四巻、五二八頁）。
53 「一九二四年六月一一日付　シドニー・エル・ギューリックより渋沢栄一宛書簡」（同右、二五九～二七六頁）。渋沢の英文のコミュニケーションはジョージ・オーシロ「関東大震災――個人レベルの国際親善と友好」（前掲『公益の追求者・渋沢栄一』）を参照。
54 「一九二四年五月二日付　シドニー・エル・ギューリックより渋沢栄一宛書簡」（『伝記資料』第三四巻、二〇〇～二〇一頁）。
55 「大正一三年五月一六日付渋沢栄一よりシドニー・エル・ギューリック宛書簡」（同右、一九七頁）。
56 「一九二四年五月一六日発シドニー・エル・ギューリック他三名より渋沢栄一宛電報」（同、二〇八頁）。
57 「大正一三年五月一六日発渋沢栄一よりシドニー・エル・ギューリック他三名宛電報」（同、二〇八頁）。
58 「大正一三年五月二二日発渋沢栄一よりジャッジ・ゲリー他一二名宛電報」（同、二五五頁）。
59 『東京日日新聞』一九二四年七月二日。

60　同右、一九二四年六月一日。
61　同、一九二四年七月二日。
62　『対米問題と国民の覚悟——奮起せる大国論集——』（万年社出版、一九二四年）附録一一頁。
63　同右、八三～八四頁。
64　『斯文』第一三編第一二号、四～五頁、一九三一年（『伝記資料』第三五巻、六〇九頁）。
65　麻田貞雄『両大戦間の日米関係——海軍と政策決定過程——』（東京大学出版会、一九九三年）二七五頁。
66　「大正一三年一二月二五日付渋沢栄一よりシドニー・エル・ギューリック宛書簡」（『伝記資料』第三四巻、四一八～四二四頁）。
67　「日米問題に就いて」『竜門雑誌』第四二二号（同右、二四頁）。
68　『伝記資料』第三四巻、四一八～四一九頁。ただし、引用文は渋沢栄一「米国より人形を贈られて——日米関係委員会の大要——」『竜門雑誌』第四六二号、九頁。
69　「一九二五年一月二二日付シドニー・エル・ギューリックより　渋沢栄一宛書簡」（『伝記資料』第三四巻、四三〇頁）。
70　"The 1925 Program of The Federated Churches for a Warless World"（同右、四五五～四五七頁）。
71　ギューリックの純粋な性格の一面をよく伝えるものに、次のような回想がある。「ある時、梨木町のギューリック先生の家で集会がありました。その時にギューリック先生が出された問題は『平和』で、先生は大きな戦争はもうないだろう、君たちはどう思うか、と言われる。……これから永久平和の時代に入るとはどうも思えないというようなことで、だれ一人先生の意見に賛成しなかった。……この先生、偉い先生だと思っていたが、わりと甘いな、と思ったんですな。……それから3、4年後の1914年には第一次世界大戦がはじまりました」（前掲、加藤延雄「シドニーL・ギューリック宣教師について」一一三～一一四頁）。

72 「一九二五年三月一一日付シドニー・エル・ギューリックより渋沢栄一宛書簡」(『伝記資料』第三四巻、四八〇~四八一頁)。
73 「大正一四年一〇月八日付渋沢栄一よりシドニー・エル・ギューリック宛書簡」(同右、四九九~五〇〇頁)。
74 「大正一四年六月一日在米松平大使ヨリ幣原外務大臣宛機密第八三号」(『日本外交文書』大正一四年、第一冊、三二〇頁)。
75 「大正一四年六月一三日在米松平大使ヨリ幣原外務大臣宛電報第二〇七号」(同右、三二三頁)。
76 「大正一五年四月二〇日堀内謙介より渋沢栄一宛書簡」(『伝記資料』第三四巻、六一三~六一四頁)。また武富総領事もリンチの分析を支持している。
77 「大正一四年六月二二日付渋沢栄一よりシドニー・エル・ギューリック宛書簡」(同右、四九五頁)。
78 「大正一四年七月七日在ホノルル青木総領事ヨリ幣原外務大臣宛(電報)第三七号」(『日本外交文書』大正一四年第一冊、三四〇~三四一頁)。
79 「桑港商業会議所対日関係委員会決議書」(『伝記資料』第三四巻、五二五頁)。
80 同右、五三〇頁。
81 「大正一四年十月八日付渋沢栄一よりシドニー・エル・ギューリック宛書簡」(同右、五〇〇頁)。
82 「大正一四年十月九日付渋沢栄一よりシドニー・エル・ギューリック宛書簡」(同、五四二頁)。
83 「一九二四年一一月六日付　シドニー・エル・ギューリックより渋沢栄一宛書簡」(同、五四三~五四四頁)。
84 「大正一五年一月二九日在サンフランシスコ武富総領事ヨリ幣原外務大臣宛　機密公第五九号(『日本外交文書』大正一五年第一冊、一六五~一六六頁)。
85 「大正一五年二月一八日在ホノルル青木総領事ヨリ幣原外務大臣宛　公第七一号(同右、一六七~一六八頁)。

1　田村紀雄・有山輝雄「在米日系新聞発達史研究（10）１９２４年移民法と日系新聞」（『東京経済大学自然科学論集』七五号）一四七頁。なお日本人移民とは、日本国籍だけを保持する主として移民の第一世代「一世」をさすことにする。

2　前掲田村・有山「１９２４年移民法と日系新聞」一六二頁。

3　たとえば、「移民法」成立前後の言論活動を『羅府新報』を中心に分析した田村・有山によれば、当時、永住・移住・帰国についてあらゆる議論があった。だが『羅府新報』は、「選択を明言せず読者に委ねたままであったが、やがてなし崩し的に永住論にたち、その中で具体論を徹底していった。……結果的には指導的な日系団体の取っていた路線と近いことになっていった」（前掲「１９２４年移民法と日系新聞」一四七頁）という。なお山本武利・田村紀雄「日系新聞ノート（１）加州日系紙の新聞広告と経営――１９１０〜１９４０」（『東経大学会誌』一三二号）をあわせて参照。また、『日米新聞』は永住論にたった主張を当初から明確に展開している。

4　安孫子については、ユージ・イチオカ「安孫子久太郎――永住を主唱した在米日本人先駆者――」（田村紀雄・白水繁彦編『米国初期日本語新聞』勁草書房、一九八六）を参照。

5　『竜門雑誌』第二四七号、六六頁。

6　「一九二四年三月一三日付牛島謹爾より渋沢栄一宛電報」（『牛島謹爾氏関係往復書類』自大正十三年十月、渋沢史料館所蔵資料ファイル一三二一―一一）（『伝記資料』第三四巻、一七〇頁）。

7　『増田明六日記（二）』「大正十三年三月十五日」（大正十三年〜大正十四年〈写本〉、八六四―一一）。

8　前掲『牛島謹爾氏関係往復書類』を参照。

9 『在桑港牧師田島準一郎氏関係書類』（一四六―二四）（『伝記資料』第三四巻、六三三～九頁）。田島の渋沢との会見談「渋澤子爵を訪ひて」が計七回にわたり『日米新聞』一九二六年八月一八日から九月四日に掲載されている。また、『日米新聞』一九二四年五月一一日「排日問題に昂奮して 病床につく渋澤子」、一九二五年四月二七日には「在米同胞の恩人渋澤子 病をおして 見学団のために講演目下絶対に訪問謝絶中」ほかの多数の記事がある。

10 二世見学団、および安孫子よな子については、「在米邦人学生観光団一行歓迎茶話会」（『招客書類』自大正十二年九月至大正十五年三月、渋沢史料館所蔵資料ファイル二三四―一一）、「一九二五年二月二七日付安孫子久太郎より渋沢栄一宛書簡」（『外国係往復書』自大正十二年至昭和二年、渋沢史料館所蔵資料ファイル一三二―三〇）、前掲『増田明六日記（二）』の大正十四年六月十日等を参照。

11 『日米新聞』一九二五年三月一九日。

12 同右。

13 前掲、賀川『サンフランシスコにおける日本人学童隔離問題』参照。

14 若槻泰雄『排日の歴史』（中央公論社、一九七二年）六二頁。

15 前掲、田村・有山「1924年移民法と日系新聞」一四〇頁。

16 飯野正子『もう一つの日米関係史』（有斐閣、二〇〇〇年）三六頁。

17 『日米新聞』一九二五年三月一九日。

18 同右、一九二四年五月三一日。

19 同、一九二四年四月二一日。

20 同、一九二四年五月三一日。

21 同、一九二四年五月五日。

22　同、一九二四年六月二三日。
23　同。
24　同、一九二五年四月二四日。
25　同。
26　同、一九二五年五月五日。
27　同。
28　同、一九二五年五月一三日。
29　同、一九二五年九月七日。
30　「大正十四年五月六日在シアトル大橋総領事ヨリ幣原外務大臣　宛機密第一九号」『日本外交文書』大正一四年第一冊（外務省　一九八二年）三〇七〜三〇八頁。
31　『日米新聞』一九二五年一〇月一〇日。
32　「大正十五年一月二十九日在サン・フランシスコ武富総領事ヨリ幣原外務大臣宛機密公第五九号」『日本外交文書』大正一五年第一冊（外務省、一九八五年）一六五〜一六六頁。
33　『日米新聞』一九二五年五月一三日。
34　『新世界』一九二五年一〇月一〇日。
35　同右、一九二五年一〇月一一日。
36　「一九二五年三月一一日付シドニー・エル・ギューリックより渋沢栄一宛書簡」（『伝記資料』第三四巻、四八〇〜四八一頁）。
37　同右、四八一〜四八二頁。
38　「一九二五年六月二三日付渋沢栄一よりシドニー・エル・ギューリック宛書簡」（同、四九五頁）。

39　前掲「大正十四年六月一日在米国松平大使ヨリ幣原外務大臣宛機密第八三号」。
40　「一九二五年一〇月九日付渋沢栄一よりシドニー・エル・ギューリック宛書簡」（『伝記資料』第三四巻、五四二頁）。
41　『日米新聞』一九二五年一〇月一一日。
42　同右、一九二六年一月一八日。
43　「大正十五年一月十五日在ロス・アンゼルス大橋領事ヨリ幣原　外務大臣宛機密公第二一号」（『日本外交文書』大正一五年第一冊、一六四〜一六五頁）。なお（若杉）は日米開戦時駐米公使であった若杉要（一八八三〜一九四三）であろうか。
44　『日米新聞』一九二四年四月一〇日。
45　同右、一九二七年六月五日。
46　同右、一九二四年四月一〇日。
47　ジョージ・オーシロは「人間が対立や争いを上回る善い特質を備えていることはあまり研究の対象ならない。戦後の研究者は真珠湾攻撃や太平洋戦争の衝突に焦点を置きその原因を探ることに没頭している。自己犠牲や利他主義といった人類共通の行為はほとんど無視されている」が、最近この傾向に変化の兆しが見えるとして前掲松村『国際交流史』と Akira Iriye, *Cutural Internationalisum*, Baltimore Johns Hopkins University Press, 1997. の二著をあげている（前掲『公益の追求者・渋沢栄一』一七九〜一八〇頁）。

第3章　日米人形交流

1　「大正一五年一二月七日着米国松平大使より幣原外務大臣宛電報第三三三号」、外務省外交史料館所蔵『本邦各国贈答関係雑件』にファイル。
2 The Committee on World Friendship Among Children, *Dolls of Friendship*, Friendship Press, 1929, foreword.『伝記資料』第三八巻、二八頁〜三五頁。
3 『竜門雑誌』第四六二号、七頁。
4 「一九二五年六月九日付シドニー・エル・ギューリックより渋沢栄一宛書簡」（『伝記資料』第三四巻、四九八頁）。
5 「大正十四年十一月二十五日在米国松平大使ヨリ幣原外務大臣宛機密第一三一号」（『日本外交文書』大正一四年第一冊、三三七頁）。
6 『伝記資料』第三四巻、六一七頁。
7 「一九二六年四月一五日付シドニー・エル・ギューリックより渋沢栄一宛書簡」（『伝記資料』第三八巻、一〇頁）。
8 同右。
9 同、一三頁。
10 磁器を二度焼きして作られた艶消しヘッドをもつ人形。
11 Dorothy S. Coleman, *The Collector's Encyclopedia of Dolls*, Crown Publishers Inc., 1986, p.173.
12 「一九二六年一二月一八日シドニー・エル・ギューリックより文部次官松浦鎮次郎宛書簡」（『伝記資料』第三八巻、三三頁）。
13 武田英子『青い目をしたお人形は』（大平出版社、一九八一年）七五〜七六頁。
14 『おかえりなさい「ミス高知」』高知新聞社、一九九三年、八九頁。
15 同右、九七頁。

16　友情人形の構造については、若林啓子「構造からみた『青い目の人形』――1920年代アメリカンコンポジションドール理解のために」（『青い目の人形にはじまる人形交流』横浜人形家、一九九一年）を参照。
17　同右。
18　'Committee on World Friendship,' op. cit., p.116.
19　*ibid.*, p.9.
20　*ibid.*, appendix. ニューメキシコ州は参加リストにない。
21　*ibid.*, p.115.
22　「一九二六年四月一五日シドニー・エル・ギューリックより渋沢栄一宛書簡」（『伝記資料』第三八巻、一〇頁）。
23　同右、七五頁。
24　拙稿「青い目の人形――朝鮮半島・関東州を中心として――」（『かたち・あそび』第一号、日本人形玩具学会）。
25　'The Committee on World Friendship Among Children,' *Dolls of Friendship*, Friendship Press, 1929, appendix. を参照。
26　「大正一五年二月七日着在米国松平大使より幣原外務大臣宛電報第三三号」『日本外交文書』昭和期・第二部第四巻（外務省、一九九一年）五三九頁。
27　「大正一五年二月十五日付齋藤外務省通商局長代理より渋沢日米関係委員宛書簡」『外務省関係書類（自大正十四年―至昭和四年）』（渋沢史料館所蔵ファイル一一三三―八）（『伝記資料』第三八巻、六頁）。
28　同右、一〇～一一頁。
29　「大正一五年四月二九日着在米国松平大使より幣原外務大臣宛電報第八六号」前掲『日本外交文書』昭和

期・第二部第四巻、五三九―五四〇頁。
30 『伝記資料』第三四巻、六一七頁。
31 たとえば「大正一五年一月二九日在サン・フランシスコ武富総領事ヨリ幣原外務大臣宛機密第五九号」『日本外交文書』大正一五年第一冊（外務省、一九八五年）一六五〜一六六頁、および第一、二章参照。
32 「一九二六年八月一八日渋沢栄一よりシドニー・エル・ギューリック宛書簡」『伝記資料』第三八巻、一八頁。
33 前掲「大正一五年二月七日着在米国松平大使より幣原外務大臣宛電報第三三号」。
34 大正一五年二月一五日付の齋藤良衛外務省通商局長代理、一一月一九日付の出淵勝次外務次官の日米関係委員渋沢栄一宛の協力依頼状（前掲『外務省関係書類（自大正十四年―至昭和四年）』）が渋沢史料館に保管されている。
35 「日本国際児童親善会後援団体」（『伝記資料』第三八巻、三八頁〜三九頁）。
36 同右資料の冒頭の書き込み。印から増田明六によるものと推測される。
37 同、三七頁。
38 「五月十日駐米米国大使マクヴェ若槻総理大臣会談」（『日本外交文書』大正一五年第一冊、一六九〜一七〇頁）。
39 同右、一七〇頁。
40 『伝記資料』第三八巻、五〜六頁。
41 「覚一月一三日文部省ニ松浦次官訪問」（『伝記資料』第三八巻、三五頁）。
42 同右。
43 同、三五頁。
44 「集会日時通知表」の昭和二年二月には「四日（金）文部大臣次官、普通学務局長ト文部大臣室ニテ会見」

「十六日（水）文部次官ヲ御訪問（文部省）」「十八日（金）関屋普通学務局長来約（飛鳥山邸）」とある（『伝記資料』別巻第二、六九四～六九六頁）。

45 『国際親善人形ニ関スル往復書翰及書類（大正十五―昭和二）』には「日本国際児童親善会」設立までの予備折衝として一月一三日、一四日、二二日、二月一日の四回の資料が確認される。また、作成者は筆跡から増田明六と推測される。

46 『伝記資料』第三八巻、三八～三九頁。

47 一九二七年一月二九日付、徳川家達から渋沢栄一宛書簡（渋沢史料館所蔵『青淵先生来簡集』（2））。

48 『伝記資料』第三八巻、四九頁。

49 『竜門雑誌』第四六二号、六二頁。

50 『青淵』第四二三号（昭和五九年六月）二四～二五頁。

51 『竜門雑誌』第四六二号、六四～六五頁。

52 同右、六五～六六頁。

53 『国際親善人形に関する往復書翰及書類（大正一五―昭和二）』（渋沢史料館所蔵ファイル一三五―一）。

54 『大坂朝日新聞』昭和二年三月四日。

55 『横浜貿易新報』昭和二年三月一九日。

56 『中外商業新報』一九二七年四月三日。

57 『文部省年報』大正一五年度。

58 「一九二六年四月一五日シドニー・エル・ギューリックより渋沢栄一宛書簡」（『伝記資料』第三八巻、一〇頁）。

59 同右、二四頁。

60　ちなみに、文部省は約二四％を負担し、世界国際児童親善会から約二一％の送金があった（『アメリカ』ヨリ寄贈セラレタル人形ニ関スル経費決算」同、八三頁）。
61　同右史料の原本は関屋学務局長の印がおされ、「差引五三五九円二六銭」不足している旨を記している。そこから渋沢側が別の筆跡で渋沢と日米関係委員会の負担分を後から書き加えている。もっとも日米関係委員会の予算と渋沢の関係については不明である。
62　『伝記資料』第三八巻、四四頁。
63　『三重の「青い目の人形」と答礼人形「三重子」』（三重県歴史教育者協議会、二〇〇七年）二〇頁。
64　前掲武田『青い目をしたお人形は』六七頁。
65　同右、六八頁。
66　同、六九頁。
67　前掲『三重の「青い目の人形」と答礼人形「三重子」』一二三頁。
68　前沢護「『アメリカ人形』の出迎えと歓迎学芸会」（『信濃教育』一三八〇号、二〇〇一年）七二頁。
69　前掲『国際親善人形に関する往復書翰及書類（大正一五―昭和二）』。
70　『竜門雑誌』第四六四号、七八～七九頁。
71　同右、七九頁。
72　「一九二七年二月一〇日シドニー・エル・ギューリックより渋沢栄一宛書簡」（『伝記資料』第三八巻、四二一頁）。
73　同右、八二一～八三頁。
74　同、八〇～八一頁。
75　「一九二七年二月一〇日シドニー・エル・ギューリックより渋沢栄一宛書簡」（同、四二一頁）。

76 日本国際児童親善会編「答礼使者として米国へ人形を送りませう」一九二七年（同、八九～九三頁）。
77 「経費見積概算」（同、八〇頁）。
78 「外務省小村情報部次長ト米国人形ニ関シ会談ノ件」（同、九四頁）。
79 武田英子編著『写真資料集青い目の人形』（山口書店、一九八五年）一一八頁。
80 前掲前沢「『アメリカ人形』の出迎えと歓迎学芸会」七三頁。
81 「米国答礼人形ニ関スル計算」（『伝記資料』第三八巻、九四頁）。
82 『都新聞』一九二七年一一月八日。
83 大江志乃夫『昭和の歴史（3）天皇の軍隊』小学館、一九八八年、七〇頁参照。
84 前掲「経費見積概算」では、人形製作費は当初の一七五〇〇円から二〇五〇〇円になっている。
85 野口晴郎『人形の伝統技法』（理工学社、一九八七年）、日本人形研究会編『人形読本』（雄山閣、一九三三年）参照。
86 前掲野口『人形の伝統技法』二、二三～二四頁。
87 「米国人形歓迎迄の経過報告」（『東京雛人形組合雑報』第四号）二頁。
88 京都製の丸平大木人形店の答礼人形は東京製とは別扱いの注文製であり、同店店先に完成した七体が展示されたことは、同店の所蔵写真や『京都日出新聞』『大阪朝日』『大阪毎日』（一九二七年八月三一日）などの新聞記事からも確認できる。
89 人間国宝の二代平田郷陽の名声が高まるのは、「答礼人形」の制作からであり、後年山田徳兵衛（十世）がコンクールで第一位となったと述べたため（「畏友平田郷陽君」『平田郷陽人形作品集』講談社、昭和四七年）、誤解されることが多いが、これは順位をきめるものではない。もともと市松人形の製作者ではない郷陽の評価が、業界の関係者のなかで最も高かったという意味である。山田は雑誌『うえの』（昭和五一年一〇月号）の対談でも同様のことを述べているが、いずれも半世紀ほど経過したあとの発言だ。おそらく郷陽の作品などを代表人形に選出した昭和八年の満州国人形使節の記憶などと混同したのであろう。

90 『都新聞』一九二七年八月二四日。

91 『京都日出新聞』一九二七年八月三一日。

92 たとえば、答礼人形の製作者の一人樫村瑞観は「岩村茂三郎（松乾斎）という人も答礼人形では忘れてはならない人だろうな。なんでも高島屋からこの人に人形づくりの話は持ち込まれたときていますよ。」（小檜山俊『人形界二百年　人形師の系譜（上）』社団法人人形協会、二〇〇九年、三五四頁）と語っている。

93 『東京玩具商報』二八九号、五頁。

94 関東州・朝鮮は募金したが直接お披露目をすることなく、写真だけが送られてきた。『満州日報』一九二七年一一月一一日、『京城日報』一九二七年一一月四日。

95 『伝記資料』第三八巻、八四頁。

96 同右、九四頁。

97 関屋龍吉「無言の愛」（『キング』第四巻九号、昭和三年九月）一一六〜一一七頁。

98 「一九二九年四月四日シドニーギューリックより関屋龍吉宛書簡」『伝記資料』第三八巻、一五〇〜一五一頁。

99 答礼人形の現状については、高岡美知子『人形大使——もうひとつの日米現代史』（日経BP、二〇〇四年）が詳しい。

100 『伝記資料』第三八巻、一一二三頁。

101 同右、一一九頁。

102 「昭和二年一二月二八日在米国松平大使より田中外務大臣宛公第六九三号」前掲『日本外交文書』昭和期・第二部第四巻、五四七頁。

103 保管先についてはシドニー・エル・ギューリック「日本親善人形亜米利加に於ける歓迎」（『伝記資料』第三八巻、一五二〜一五四頁）。
104 「昭和三年九月一七日在米国澤田臨時代理より田中外務大臣宛　普公第四七七号」前掲『日本外交文書』昭和期・第二部第四巻、五五三頁。
105 「昭和二年七月一二日田中外務大臣より在米国各総領事宛　報二合第六六五号」前掲『日本外交文書』昭和期・第二部第四巻、五四四頁。
106 『伝記資料』第三八巻、一五九頁。

第4章　人形交流への理解

1 武田英子『人形たちの懸け橋――日米親善人形たちの二十世紀――』（小学館、一九九八年）七三頁。
2 同右、九二頁。
3 同、九三頁。
4 『アサヒグラフ』八巻一〇号、七頁。
5 同右、十三頁。
6 『時事新報』昭和二年三月二〇日。
7 同右、昭和二年五月二五日。
8 『伝記資料』第三八巻、七五頁。
9 同右、八五頁。
10 『台湾日日新報』一九二七年六月一一日。

11 『樺太日日新聞』一九二七年五月一〇日。
12 『京城日報』一九二七年六月一九日。
13 『満州日日新聞』一九二七年五月一〇日。
14 游珮芸「『青い眼の人形』の渡台――日本植民地台湾で繰り広げられた『国際児童親善会』の虚実――」(『日本人形玩具学会誌』第八号)一〇四頁。
15 同右、一〇七頁。
16 『伝記資料』第三八巻、四四頁。
17 『満州日日新聞』一九二七年五月一日。
18 同右、六月三日。
19 当時「関東庁管内は、関東州の教育、鉄道付属地の教育にわけられ、州内は州庁が、付属地は…満鉄が経営に当たっていた」(『満州開発四〇年史』補巻満史会 一九六五年、七〇頁)。
20 『満州日日新聞』一九二七年六月八日。
21 同右、六月一一日。
22 同、一九二七年六月八日。
23 『満州日日新聞』は「満鉄初代総裁後藤新平の発意により」「満州経営の有力なメディアとして」創立資本のすべてを満鉄が支出して、明治四〇年大連で創刊された。その後、大正一二(一九一三)年に株式会社に改組されている(前掲『満州開発四〇年史』補巻、一一五頁)。
24 『満州日日新聞』一九二七年五月一〇日。
25 同右、六月二一日。
以下、投書日と題名を紹介する。なお六月二二日と七月二日の「私にも今一たび」と六月二四日「私も青い目の人形について」と六月二九日の投書者は同一人物である。なお投書の引用文は「ゐ」「ゑ」を「い」「え」に、また、漢字を当用漢字に改めた他は、原文の通りである。

六月二一日　朝日小学校職員諸氏に	七月一日　お人形はお人形のみ
六月二二日　碧眼人形について	七月二日　学童を人質にとつて
六月二四日　何が為の碧眼人形だ 私も青い目の人形について……	七月三日　国民精神復活運動の第一歩 私にも今一たび
六月二五日　碧眼人形歓迎に賛成	七月五日　何とか釈明あつては
六月二六日　碧眼人形歓迎に就いて 青い顔?の竹生君に	七月八日　英雄に閑日月あり
六月二九日　再び申し上げます	七月九日　山形通りH生君に
六月三〇日　追従教育者諸君	七月一〇日　ソリヤいけません

26 同右、六月二二日。
27 同、六月二四日。
28 同。
29 同、六月二五日。
30 同、六月二六日。
31 同、六月二九日。

32　同、七月一日。
33　同、六月二六日。
34　同、七月二日。
35　同、七月三日。
36　同、七月五日。
37　同。
38　同、七月八日。
39　同、七月九日。
40　同、七月一〇日。
41　『満州日日新聞』一九二七年六月一一日。
42　『京城日報』一九二七年六月一九日。
43　「京城に於ける　米国使者人形歓迎会概状」（『文教の朝鮮』一九二七年七月号）一一七～一二〇頁。
44　「……国語常用者ハ小学校……国語ヲ常用セザル者ハ普通学校ニ於テ教育……」（『朝鮮総督府施政年報』昭和二年度、一六四頁）。
45　前掲「京城に於ける　米国使者人形歓迎会概状」一二〇頁。
46　たとえば平壌では、小学校四、普通学校四、女子普通学校二、幼稚園二の割合で配付されている（『大阪朝日新聞付録　朝鮮朝日』一九二七年八月三〇日）。
47　『伝記資料』第三八巻、五六頁。
48　『大阪朝日新聞付録　朝鮮朝日』一九二七年三月一一日。
49　『大阪朝日新聞』一九二七年二月二二日。

50 同右。
51 『国語普及の状況』（朝鮮総督府学務局、一九二一年）一頁。
52 『大阪朝日新聞』一九二七年三月一一日。
53 同右。
54 同、一九二七年二月二七日。
55 「人形展覧会ハ予定通リ開催、多大ノ人気ヲ博シテ無事終了……尚大阪朝日ハ大阪ニ於ケル歓迎用歌ヲ募集セルニ朝鮮人少女一等当選セリ。」（「昭和二年三月一日幣原外務大臣より在米国松平大使宛　第一〇二号」、外務省外交史料館所蔵『本邦各国贈答関係雑件』にファイル）。
56 『大阪朝日新聞付録　朝鮮朝日』一九二七年三月八日。
57 『大阪朝日新聞』一九二七年三月三日。
58 同右、一九二七年三月七日。
59 同、一九二七年三月五日。
60 『朝鮮諸学校一覧』（朝鮮総督府学務局、一九二八年）。なお、これは昭和三年五月末現在の数字である。
61 『大阪朝日新聞』一九二七年三月四日。
62 二人の国語と全教科平均の成績を一年から六年まで概観すると、以下の通りである。

学年	旭朝　国語	平均
1	五	五
2	五七	五七
3	四六	四七
4	六四	六六
5	七	六
6	六	七

長媛　国語	八	七八	九二	八三	九	九
平均	八	七八	八五	八三	八	九

ちなみに両者の生年月日は鄭旭朝大正六（一九一七）年八月五日、龍長媛大正七（一九一六）年一月九日である。両名とも一九二三年四月に入学し、一九二九年三月に卒業している。なお、在学中の出席状況も良好であり、学籍簿に記載されている住所も共に州内面弘門里となっている。

63 『大阪朝日新聞付録　朝鮮朝日』一九二七年三月一一日。
64 『文教の朝鮮』一九二七年七月号、八七頁。
65 『大阪朝日新聞』一九二七年三月三日。
66 『大阪朝日新聞付録　朝鮮朝日』一九二七年三月一二日。
67 同右、一九二七年三月一七日。
68 同。
69 『文教の朝鮮』一九二八年一月号、一二三〜一二五頁。
70 小沢有作「朝鮮における日本植民地教育の歴史」（『日本は朝鮮で何を教えたか』あゆみ出版、一九八七年）六一頁。
71 伊藤博文「普通教育に従事する日本人教諭への訓諭」一九〇七年三月（但し、小沢前掲論文、五九頁）。
72 『日米新聞』一九二六年一〇月二八日。
73 『新世界』一九二七年一一月二五日。
74 『日米新聞』一九二六年一一月二九日。
75 同右、一九二六年一一月二六日。

76 粂井輝子『外国人をめぐる社会史―近代アメリカと日本人移民』（雄山閣、一九九五年）一一七頁。
77 『羅府新報』一九二六年一一月二三日。
78 『日米新聞』一九二七年三月三〇日。
79 同右、一九二四年五月二九日。
80 渋沢自身も「想ふにあの移民法は日本を最下級の国と同じ様にしてしまった」（『竜門雑誌』第四七二号、一〇一頁）という認識を持っている。

第5章　予期せぬ波紋

1 『東京玩具商報』第二六八号、三頁。
2 西沢笛畝については、拙稿「笛畝の人形人生」（『人形今昔物語展図録』笛畝人形記念美術館、一九九〇年）を参照されたい。
3 西沢笛畝『雛』（芸艸堂、一九二八年）一頁。
4 同右、四九頁。
5 有坂与太郎「内裏雛配列左右論争是非論」（『郷土玩具』第三巻三号）八四頁。また『東京朝日新聞』一九二九年二月二八日をあわせて参照のこと。
6 山田徳兵衛『日本人形史』（講談社学術文庫、一九八四年）三三〇～三三一頁。
7 拙著『日本人形の美』（淡交社、二〇〇九年）、『江戸の人形文化と名工原舟月』（とちぎ蔵の街美術館、二〇〇五年）を参照されたい。
8 前掲山田『日本人形史』一五〇頁。

9 有坂与太郎『新雛祭考』（建設社、一九四三年）一九六～一九八頁。
10 『風俗画報』第一三七号、四頁。
11 たとえば『東京朝日新聞』一九二三年三月二日、一九二四年三月三日など。
12 『三五乃志留辺』（久月総本店、一九三五年）三九頁。
13 『河北新報』一九三五年三月三日。
14 人形芸術運動については、拙稿「人形とナショナリズム（1）――人形芸術の誕生」（『日本人形玩具学会誌』第三号）、「平田郷陽と人形芸術運動――人形作家誕生の背景――」（『人形玩具研究』第一四号）を参照されたい。
15 松村正義『国際交流史――近現代の日本』（地人館、一九九六年）二一四頁。
16 川上南甫「新帝展進出運動に就いて人形芸術私見」（『人形人』第一巻一号）四二頁。
17 日本人形研究会編『人形読本』（雄山閣、一九三三年）三六四～三六五頁。
18 「『人形』創刊に寄す」『人形』創刊号。
19 海外の博覧会への日本人形の出品については『東京玩具卸商同業組合史』（東京玩具卸商同業組合、一九三五年）に詳しい記録がある。
20 『東京朝日新聞』一九二七年一一月二〇日。
21 『東京玩具商報』一九二四年一〇月二〇日。
22 同右。吉徳資料室には当時の内部資料が所蔵されている。
23 山田徳兵衛「お人形茶話」ＪＯＡＫ一九三二年二月二九日放送の速記録（『吉徳商店カタログ　昭和七年』吉徳資料室所蔵）。
24 『文教の朝鮮』一九三一年三月号、一一五頁。

25 『京城日報』一九三一年三月三日。
26 『国立民族博物館図録』国立民族博物館、一九八八年。
27 武井武雄『日本郷土玩具（西の部）』（地平書房、一九三〇年）、西沢笛畝『日本玩具図編』（雄山閣、一九三五年）を参照。
28 笛畝人形記念美術館所蔵『朝鮮童宝芸術院設立趣旨』。なお、現在「韓国人形協会」が製作している韓国風俗人形は、韓国の伝統的な製作技法によるものではなく、人形研究家上村露子が昭和初期フランス調の布製マスクを使って西洋風な人形に仕立てた、いわゆる日本の「フランス」人形の製法を受けついでいる。
29 『京城日報』二月一八日。
30 同右、三月四日。
31 「昭和七年六月二日長春田代重徳総領事より外務大臣斉藤実宛電報」（外務省外交史料館所蔵『満支人本邦視察旅行関係雑件』にファイル）。
32 『満州日報』一九三二年六月四日。
33 前掲「昭和七年六月二日長春田代重徳総領事より外務大臣斉藤実宛電報」。
34 同右、六月一九日。
35 「満州国少女使節一行入京ノ件」「外秘第一六九八号六月二四日付警視総監藤沼正平より内大臣山本達生、外務大臣斎藤実、拓務大臣永井柳太郎、神奈川、栃木、埼玉、静岡、愛知、京都、大阪、兵庫、奈良、岡山、広島、山口、福岡各府県長官、関東庁警務局長宛」（外務省外交史料館所蔵『満支人本邦視察旅行関係雑件』にファイル）。
36 同右。
37 同。

38 『満州日報』一九三二年六月一七日。
39 『東京朝日新聞』一九三二年六月二五日。
40 満州国少女使節歓迎会日程」(外務省外交史料館所蔵『満支人本邦視察旅行関係雑件』にファイル)。
41 『少女倶楽部』一〇巻八号に人形を抱く六名の少女の記念写真と記事が掲載されている。
42 『満州日報』七月一五日。
43 「昭和七年九月八日内田外務大臣より長春田中総領事代理宛電報」(外務省外交史料館所蔵『満支人本邦視察旅行関係雑件』にファイル)。
44 『東京日日新聞』一九三二年九月一九日。また、前掲『吉徳商店カタログ　昭和七年』に人形の写真が掲載されている。
45 『東京日日新聞』一九三二年九月一九日。
46 同右、九月二八日。
47 同、九月二九日。
48 同、九月三〇日。
49 同、一〇月七日。
50 同、一〇月一五日。
51 外務省外交資料館所蔵『本邦ニ於ケル協会及文化団体関係雑件』にファイル。
52 「既住事業概要　日満中央協会」(外務省外交史料館所蔵『本邦ニ於ケル協会及文化団体関係雑件』にファイル)。
53 小田部雄次『李方子』(ミネルヴァ書房　二〇〇七年)九二頁。
54 『東京朝日新聞』一九三三年四月二五日。

55 「人形使節一行経過報告書」（外務省外交史料館所蔵『本邦人満支視察旅行関係雑件』にファイル）。
56 同右。
57 『満州日報』一九三三年六月八日。
58 前掲「人形使節一行経過報告書」。
59 山田徳兵衛「人形の旅から帰りて」（『東京玩具商報』三五六号、一九三三年七月）四頁。
60 前掲「人形使節一行経過報告書」。
61 前掲山田「人形の旅から帰りて」四頁。
62 『東京朝日新聞』一九三三年四月二五日。
63 「普通公第二二四号昭和八年五月一五日在米特命全権大使出淵勝次ヨリ外務大臣伯爵内田康哉宛」（外務省外交史料館所蔵『本邦各国贈答関係雑件』にファイル）。
64 「大正一三年五月一六日付渋沢栄一よりシドニー・エル・ギューリック宛書簡」（『伝記資料』第三四巻、一九七頁）。
65 外務省外交史料館所蔵『本邦ニ於ケル協会及文化団体関係雑件』雑ノ部にファイル。
66 「興亜児童協会関西本部ノ動静ニ関スル件」「外秘第一一四五号　昭和一四年七月一二日付　大阪府知事池田清より内大臣木戸幸一、外務大臣有田八郎、文部大臣荒木貞夫、（警察）各府県長官宛」（『本邦ニ於ケル協会及文化団体関係雑件』雑ノ部にファイル）
67 「興亜児童協会関西本部計画ニ係ル児童使節団渡支取締ニ関スル件」「外秘第一三三二号　昭和一四年八月四日付　大阪府知事池田清より内大臣木戸幸一、外務大臣有田八郎、文部大臣荒木貞夫、（警察）各府県長官、興亜院総務長官宛」（『本邦ニ於ケル協会及文化団体関係雑件』雑ノ部にファイル）。
68 「興亜児童協会ノ動静ニ関スル件」「外秘第一三四八号　昭和一四年八月五日付　警視総監萱場軍蔵より内大

臣木戸幸一、外務大臣有田八郎、文部大臣荒木貞夫、（警察）各府県長官」（『本邦ニ於ケル協会及文化団体関係雑件』雑ノ部にファイル）。

あとがき

アメリカから贈られた友情人形（青い目の人形）に多くの日本人が熱狂する一方で、その数年前には「排日移民法」への異常な抗議行動が起こっていた。一九二〇年代の日本人がアメリカからの評価をここまで気にして一喜一憂するのが私には不思議でたまらなかった、と書くことができればよいが、それはどこかわからなくもないと思う自分がいる。

他国との比較でしか自国を語れない、いつもどこかに中心があり、「それにどうすれば近づけるか、どうすれば遠のくのか、専らその距離の意識に基づいて思考と行動が決定されている」（内田樹『日本辺境論』新潮社、二〇〇九年）辺境人である日本人は、近代に入り、人種が異なる白人社会に「絶対的価値」の中心を移した。このことにより近代日本人は人格的な分裂を起こした、と岸田秀はいう。彼は幕末から現代にいたる日本人の歴史を、一人の神経症患者の生活史に見たてて、その奇態な振る舞いは

「内的自己」と「外的自己」との人格分裂による集団的な狂気、と診断するのだ（『日本近代を精神分析する』『ものぐさ精神分析』青土社、一九七七年）。

このように考えると「排日移民法」の成立から「日米人形交流」までの極端な対応の変化も、友情人形への日本国内の熱狂的な歓迎、関東州の在留邦人の反発、まるでアメリカからの贈り物を見せびらかすかのような朝鮮人への態度、そして、一九三〇年代の朝鮮・満州国への人形・子供交流の押しつけなど、すべて納得がいく。

「排日移民法」は、アメリカから仲間外れにされたことによる激高であり、逆に「日米人形交流」は仲間として認められた（という誤解）ことからくる歓喜であった。そしてこのようなアメリカへの複雑なおもいは、外地（関東州と朝鮮）における在留邦人の一見相反するようで、実は通底する行動に如実に表れている。

岸田のいう分裂は、近代日本に固有なものではなく、日本文化の深層構造を久しく形成していた（前掲、内田）という指摘はもっともだが、それでも欧米コンプレックスは近代に固有なものだろう。誤解をおそれずに言えば、一九世紀から二〇世紀はじめの白人欧米列強諸国に支配されていた社会に、膚の色が違うアジア人が仲間入りをしようとしたことに無理があった。だが、それがある程度実現してしまったことこそ問題であった。長年仰ぎ見た中国とは比べものにならないほど異質な文化に接し、それを受けいれ、それらしく振る舞うしかなかった近代日本の精神的な衝撃ははかりしれない。歴史に精神分析の方法をあてはめることの妥当性はひとまずおいて、史料をもとに検証する限り、「排日移民法」

の成立から「日米人形交流」を中心とする日本人の行動の根底には、「一等国日本のコンプレックス」を読みとることができる。

欧米を中心とする国際社会の枠組みが崩れ始めようとしている現代社会において、さまざまな視点から近代日本の実像を検証する作業は必要であろう。一九世紀初め近代教育の対象として幼児を含む子供全体を意識し始めた日本人（拙著『教育玩具の近代』）の間に、純粋で無垢な存在であるという子供観が浸透し、それが平和・友好という対外的なイメージ戦略の柱として利用され始めるまでの道筋を探ることが、筆者の直接的な関心であった。だが、日米人形交流を中心に日本人の日常生活の動向を検証することで、これまでの歴史研究には表れにくかった近代日本の姿が、本書によって少しでも明らかにされたのであれば望外の喜びである。

＊

本書はこれまで渋沢研究会編『渋沢研究』（渋沢史料館発行）に発表した論文を基に、各雑誌・博物館図録などに掲載した論文で構成されている。参考のため初出の論文名をあげると、次の通りである。

「青い目の人形――朝鮮半島・関東州を中心として」（『日本人形玩具学会誌』創刊号、一九九〇年）、「青い目の人形交流誕生の背景とその波紋――日米関係改善に向けての一つの試み」（『渋沢研究』第五号、一九九二年）、「渋沢栄一国民外交の行方――日本に於ける『世界国際児童親善会』への認識とその後の展開――」（『渋沢研究』第六号、一九九三年）、「一九二七年日米人形交流にみられる国民意識――『一等国』日本のコンプレックス――」（『渋沢研究』第八号、一九九六年）、「在米日本人移民からみた日米人形交流――移民法改正運動から国際文化交流へ――」（『渋沢研究』第一四号、二〇〇一年）、「人形・子ども使節の誕生――昭和初期の人形使節の動向を中心として」（『人形玩具研究』第一七号、二〇〇六年）。

これらに横浜人形の家開館五周年記念特別展『青い目の人形にはじまる人形交流』展図録（一九九一年）の分担執筆の内容も加えているが、今回まとめるにあたり、ほとんど原型をとどめないほど書き改めた。内容も錯綜しており、厳密にどの論文が何章に対応するとはいえないが、『渋沢研究』に発表した四本の論文が本書の論旨を構成し、それに大幅な加筆修正を加えたことをお断りしておく。

＊

思えば「植民地に送られた青い目の人形」という研究発表をしてから二〇年以上の歳月が流れている。高等遊民をきどり、好きで始めた自己流の勉強だが、手探りの状態で史料を探しているうちに、本当に多くの方々にお世話になった。

自称高等遊民を卒業し、高校の非常勤講師をしていた頃、偶然図書館で故武田英子先生の『写真資料集　青い目の人形』（山口書店）を手にした。当時武田先生監修で答礼人形の里帰り展が開催され、大きな反響を呼んでいた。先生は面識もない無名な若者にも親切に対応して下さり、お話を聞くうちに、まだ明らかにされていない植民地や昭和初期の満州の人形使節のことなどに興味をもった。史料調査に訪れた浅草橋の吉徳資料室で日本人形玩具学会設立の話を聞き、誘われるままに事務の手伝いをすることになった。権威主義的ではない、誰もが自由に参加可能な雰囲気が後押しをして、第一回の総大会で先の研究発表をした。そうこうするうち渋沢史料館の井上潤氏（当時学芸員・現館長）から気鋭の研究者の集まりである「渋沢研究会」へのお誘いを受け、例会発表の後、見ようみまねで『渋沢研究』に論文を書いたのが、本格的な研究の始まりである。

「渋沢研究会」前代表の片桐庸夫氏（群馬県立女子大学）、現代表の島田昌和氏（文京学院大学）をはじめとする「渋沢研究会」の皆さんには、本当にお世話になった。特に片桐氏は、お忙しいなか本書の草稿に目を通してくださり、有益なご指摘をいただいた。

＊

意味もなく論文を発表する私を見かねて、研究を続けるつもりならとりあえず大学院だけでも行け、と東洋大学の比嘉佑典先生から開設間もない夜間大学院（教育学専攻）への進学を勧められ、修士課程をでたのが四〇歳にさしかかる頃。幸い聖徳大学児童学科に職を得ることができ、一昨年大妻女子大学に学位論文を提出し、昨年世織書房から出版（『教育玩具の近代』）することができた。

人形交流の研究は自分の出発点であり、いつも頭の片隅に気にかかっていた。興味関心の幅が広いといえば聞こえがよいが、興味のおもむくまま幼児教育・人形玩具・子供などの一見関連性のない個々のテーマや日本人形の展覧会の監修や調査などに取りくみだすとそれに没頭するのが悪い癖で、論文も書きつくしたこともあり、しばらく人形交流への関心を失っていた。

ところが忘れかかると雑誌の執筆や講演、マスコミの取材などがきて、つかず離れずの長すぎた春のような人形交流との付きあいであった。近年各地の答礼人形の里帰り展などが頻繁にあり、渋沢栄一の曾孫雅英氏（渋沢栄一記念財団理事長）と長崎・東京と続いて公開で対談をする機会に恵まれた。そして渋沢史料館企画展「渋沢家の雛祭」の監修などさせていただくうちに、（大変失礼だが）雅英先生に栄一の面影を見るような心持ちになった。日本近代資本主義の父である渋沢栄一の人間味あふれる最晩年の仕事「日米人形交流」の歴史的な位置づけをする必要がある、学位論文を出し一区切りついた今まとめなければ、機会を失ってしまうのではないか、と思い始めた。

世織書房の伊藤晶宣さんが、二人だけの心温まる出版祝いの席を設けてくださった時、厚かましくももう一冊だしてほしいと、差しだした原稿が本書である。それをこころよく引き受けてくださった伊藤さんには頭が上がらない。本当にありがたかった。これをまとめなければ後悔したと思う。私のもう一つのけじめである。

開館五周年の展示に声を掛けてくれた横浜人形の家元学芸員若林啓子さんをはじめ、当時の横浜人形の家のスタッフの皆さん、日本人形のことでご教示いただいた吉徳資料室長小林すみ江氏、人形交流のことを思い出させてくれた渋沢史料館川上恵学芸員、また図版の掲載にさして、渋沢史料館・吉徳資料室・財団法人横浜観光コンベンション・ビューロー「横浜人形の家」にご配慮をいただいた。写真資料の閲覧の際にお手数をおかけした同館学芸員伊井さえこさん、口絵をはじめご迷惑をおかけした世織書房門松貴子さんほか、名前を記すことはできないが、お世話になったすべての方々に衷心より感謝したい。

なお本研究は第七回佐藤（現日本）玩具文化財団学術奨励金（研究テーマ「国際交流に於ける日本人形の役割の変遷——昭和初期の人形使節の動向を中心として——」）及び出版に際して財団法人渋沢栄一記念

財団より助成金の交付を受けている。記して感謝したい。

プライベートなことを書く場ではないことは承知しているが、我流で始めた研究の師匠は私の生い立ちでもある。最後に私ごとを書くことをお許し願いたい。

＊

本書を亡父万亀夫に捧げる。本書は病床の父の枕元でしたためたノートをもとにしている。労働運動家から小さな自動車整備工場を経営し、倒産して全財産を失い故郷を離れたのは、私が一二歳の時であった。公立高校の受験に失敗し、働きながら夜間高校に通おうとしたところ、破産後の父は無理をして私を学費の高い私立高校へ通わせ、大学までだしてくれた。息子が安定した職につくことはおろか、大学を留年し、高等遊民をきどり三〇歳近くまで何の目的もなくアルバイト生活をするとは夢に思わなかったようだ。ようやく研究を志そうとしていた矢先、父は病にたおれた。

父の死後、結婚し、大学院にいき、就職をするまで本当に回り道をした。後で親類に聞いたところ、博昭は昭和の博士になるようにとの父の思いが込められていた、という。中学校へ行かせてもらえなかった父の夢が、息子を学者にすることと知ったのは後のことだった。

一つ思いだすこと。父が初めての入院をした時、父の枕元で一夏の大半をすごした。親孝行だったわけではない。ながい夏休み、冷房のきいた病院は、静かで集中して勉強ができるからだ。カトリック系の病院で、時々院長らしき白人の神父が各病室を巡回する。いつも『渋沢栄一伝記資料』をコピーした自家製の造本からひたすらノートをとっている私を見て、その人はニコニコ顔でやさしく、流暢な日本語で「本当によく勉強しているね」と、声をかけてくれる。ギューリックはこのような人だったのかもしれない。私はいつもこの人と重ねあわせて、頭のなかでギューリックを描きながら筆を動かしていた。

もう一つ。この研究はあなたが考えている以上におもしろい、まとめるべきだと結婚するまえから二〇年近く無責任に励ましてくれた、いつも最初の読者で、妻である優子にも一言お礼をいっておきたい。

著者

二〇一〇年七月七日

〈著者紹介〉
是澤博昭（これさわ・ひろあき）
1959年愛媛県生まれ。東洋大学大学院修士課程修了。聖徳大学人文学部児童学科専任講師を経て、現在、大妻女子大学家政学部児童学科准教授・博士（学術）
著書に『教育玩具の近代——教育対象としての子どもの誕生』（世織書房、2009年）、『日本人形の美』（淡交社、2008年）、共著に『公益の追及者・渋沢栄一』（山川出版社、1999年）、展覧会監修に「江戸の人形文化と名工原舟月」展（とちぎ蔵の街美術館、2005年）、「日本人形の美と幻想」展（茨城県立歴史館、2006年）、『日本人形の美』展（そごう美術館、2010年）などがある。

青い目の人形と近代日本
——渋沢栄一とL.ギューリックの夢の行方

2010年10月10日　第1刷発行©

著　者	是澤博昭
写真協力	横浜人形の家
装幀者	M. 冠着
発行者	伊藤晶宣
発行所	(株)世織書房
印刷所	三協印刷(株)
製本所	協栄製本(株)

〒220-0042　神奈川県横浜市西区戸部町7丁目240番地　文教堂ビル
電話045(317)3176　振替00250-2-18694

落丁本・乱丁本はお取替いたします　Printed in Japan
ISBN978-4-902163-56-8